KATHY KALINA

LEBEN BIS ZULETZT

Kathy Kalina

Leben bis zuletzt

Über den Wert der letzten Weg-Etappen

VERLAG NEUE STADT
MÜNCHEN · ZÜRICH · WIEN

Aus der Reihe LEBENS**WERT!**

Zur Autorin:
Kathy Kalina, Familienmutter und Hospizschwester in Fort Worth/USA, Studium der Gesundheits- und Krankenpflege, Bachelor of Science. 1993 erschien ihr erstes Buch „Midwife for Souls. Spiritual Care for the Dying“ über die spirituelle Begleitung Sterbender.

Originaltitel: Wisdom for Living the Final Season, by Kathy Kalina;

Übertragung aus dem Amerikanischen und Erstellung des Anhangs:
Gudrun Griesmayr

MIX Papier FSC FSC® C083411

Mehr Bäume. Weniger CO_2.
www.cpibooks.de/klimaneutral

2014, 1. Auflage

Gestaltung und Satz: Neue-Stadt-Grafik
Druck und Bindung : CPI – Clausen & Bosse, Leck
ISBN 978-3-7346-1022-6

www.neuestadt.com

Vorwort

Dieses Buch will, dieses Buch *kann* Mut machen. Die erfahrene amerikanische Hospizschwester Kathy Kalina hat zahllose Menschen auf ihren letzten Wegetappen begleitet. Ihr Resümee: „So seltsam es klingen mag, aber diese Erfahrung hat mir selbst viel von *meiner* Angst vor dem Sterben genommen. Leben ist möglich – bis zuletzt! Aber man kann gar nicht früh genug damit beginnen, die Weichen gut zu stellen." Darum ist dieses Buch wertvoll auch für diejenigen, die mitten im Leben stehen.

Besonders wichtig werden die Anregungen, die sich auf viele Erfahrungen stützen, wenn die eigene Lebenszeit offenkundig begrenzt ist. Die Konfrontation mit einer ernsten, womöglich lebensbedrohlichen Krankheit ist wohl für jeden Menschen zunächst einmal ein Schock. Es ist ungemein schwer, sich einer solchen Diagnose zu stellen, für die Betroffenen wie für die ihnen Nahestehenden. Gewiss, für jeden ist diese Zeit anders; doch es gibt Erfahrungswerte, die helfen können, diesen Lebensabschnitt anzugehen. Einfühlsam und auf sehr persönliche Weise geht Kathy Kalina den Fragen nach: Welche Schritte helfen, sich mit dem möglichen Sterben-Müssen zu versöhnen? Was kann ich ganz praktisch tun? Woraus kann ich Kraft schöpfen? Anhand zahlreicher Beispiele zeigt die Autorin, dass es sich lohnt, *nie* aufzugeben, dass gerade die letzten Wegetappen besonders kostbare *Lebens*zeit sind. Und es gelingt ihr, etwas von ihrer tiefen persönlichen Hoffnung weiterzugeben, dass der Tod nicht das letzte Wort hat.

Für die deutschsprachige Ausgabe wurde ein Anhang erstellt, der weiterführende Informationen und Orientierungshilfen für die Suche nach geeigneter Unterstützung bietet (S. 93ff). Unser Dank gilt Herrn Prof. Dr. med. Wolfgang Schreml, dem Vorsitzenden des *Raphael Hospiz Vereins Günzburg e. V.*, für die kompetente fachliche Beratung.

Angeregt von verschiedenen Seiten, werden schließlich auch bewährte Formen geistlich-spiritueller Unterstützung vorgestellt, wie sie in den christlichen Kirchen praktiziert werden (S. 108ff).

Wir hoffen, dass diese Publikation sowohl den Kranken wie auch denen, die ihnen nahe sind, dienlich ist, und wünschen ihnen Zuversicht, Mut und viel Kraft.

Verlag Neue Stadt

Inhalt

Anhang

Einführung

Wenn wir unser Leben als einen Abenteuerroman betrachten (das ist es ja irgendwie auch), was würde wohl in den letzten zwei bis drei Kapiteln stehen? Diese Frage stellt sich uns spätestens dann, wenn sich unser Leben dem Ende zuneigt. Und wie im Schlusskapitel eines Buchs oder im letzten Akt eines Theaterstücks, so können wir damit rechnen, dass es in der letzten Lebensphase überraschende Höhen und Tiefen gibt. Und wie sich in einer Erzählung am Ende manche scheinbar unzusammenhängende Fäden oftmals doch noch zusammenfügen, so ist es auch in unserem Leben: Das eine oder andere gut zu Ende zu bringen, das ist eine Aufgabe, die wir rechtzeitig in Angriff nehmen sollten.

Als Hospizschwester habe ich viele Lebensgeschichten kennengelernt und „letzte Kapitel gelesen“. Ich habe Menschen reifen, sich verändern sehen, oft bis zum völligen Wandel, und ich möchte davon erzählen, wie sie in ihrer letzten Lebensphase Hoffnung, Trost und Sinn gefunden haben.

Dieses Buch habe ich aber nicht nur für andere, sondern auch für mich geschrieben. Denn ich weiß, dass – auch ohne die Diagnose einer unheilbaren Krankheit – meine Tage hier auf der Erde gezählt sind – wie die jedes Menschen. Hunderte Patienten, die ich in ihren letzten Lebenstagen begleitet habe, sind mir daher zu Lehrmeistern geworden. Ihrem Andenken widme ich dieses Buch.

Eine ernste, womöglich lebensbedrohliche Krankheit fordert den Menschen existenziell heraus – physisch, emotional, seelisch. Es verlangt Mut, sich dieser Situation zu stellen, die das Leben völlig auf den Kopf stellt, und trotz aller Ängste einen Schritt nach dem anderen zu gehen; zu tun, was jeweils dran ist, ohne das Ziel aus den Augen zu verlieren. Irgendwann auf diesem Weg kommt dann die letzte Stunde – aber es ist nur *eine* „Stunde“. Alles andere ist Leben, bis zuletzt.

Sich den eigenen Gefühlen stellen

Es ist wohl für jeden Menschen ein Schock, wenn er erfährt, dass er wahrscheinlich nicht mehr lange zu leben hat. Man verliert gleichsam den Boden unter den Füßen. Selbst wenn man weiß, dass jeder Mensch sterben muss. Selbst wenn man – auch wenn man die Wahl hätte – *nicht* 200 Jahre alt werden will. Selbst wenn der Glaube einem sagt, dass die wahre Heimat im Himmel ist.

Der Wirklichkeit des eigenen Todes ins Auge sehen müssen, kann den Verstand lähmen. Es ist eine quälende Erfahrung. Nicht jeder physische Schmerz verursacht inneres Leid: Die Geburt eines Kindes zum Beispiel ist für die Frau mit großen physischen Schmerzen verbunden; dennoch wird sie dabei kaum von innerem Leid sprechen. Innere Qual hingegen bringt das Lebensfundament ins Wanken; man verliert den Halt.

In solchen leidvollen Zeiten gibt es Phasen, da wacht man morgens auf und sagt sich: „Ich schaffe das schon.

Mir geht's von Tag zu Tag besser!" An anderen Tagen wiederum lehnt man sich voller Wut gegen die Krankheit auf. Man fängt an, mit Gott zu handeln, feilscht um Heilung oder um ein wenig mehr Lebenszeit. All diese Reaktionen sind ein Versuch, sich selbst zu schützen und zu wappnen, um Kraft zu haben für den weiteren Weg.

Das Geheimnis des Leids bleibt uns im Letzten verborgen. Wie sehr habe ich mir zuweilen gewünscht, Jesus hätte gesagt: „Nimm dein Kopfkissen und folge mir." Stattdessen sagte er, wir sollen unser Kreuz tragen (vgl. Matthäus 16,24). Jesus hat das Leid nicht ausgelöscht – er hat es nicht einmal erklärt! Aus freiem Willen hat er sich dem Leiden unterworfen und ist gestorben. Aber er hat den Tod überwunden und für uns den Himmel geöffnet.

Jesus hat uns mit seinem Leben und Sterben ein Beispiel gegeben (vgl. 1 Petrus 2,21). Von ihm können wir lernen, das Leid *nicht* zu verdrängen, ja auch inmitten von Leid weiter zu lieben. Wir können unser Leid mit Jesu Leid vereinen und es von seiner Liebe verwandeln lassen. Ich habe oft miterlebt, wie es dann zu einer „Goldmine" werden kann, die auch anderen von Nutzen ist. Leid wird – so schwer man es sich manchmal vorstellen kann – kostbar und bekommt einen Sinn. Vielleicht ist es sogar die fruchtbarste „Arbeit" unseres Lebens!

Tröstlich finde ich die Lazarus-Geschichte im Johannesevangelium [vgl. 11,1–44]. Marta und Maria haben ihren Bruder verloren. Sie sind so traurig, dass sie Jesus vorwurfsvoll sagen: „Herr, wärest du hier gewesen, dann wäre mein Bruder nicht gestorben“ (Johannes 11,21.32). Eine verständliche Reaktion! Sagen nicht auch wir, wenn uns ein Leid trifft, zu Gott: „Wie konntest du das nur zulassen?!“

Auch Jesus wurde im Innersten erschüttert, als er vom Tod seines Freundes erfuhr. Der Tod ist immer ein Ereignis, das uns in tiefe Trauer stürzt, selbst wenn wir glauben, dass er nur ein Durchgang zum wahren Leben ist. Jesus zeigt uns, dass wir uns unserer Gefühle nicht zu schämen brauchen. Er selbst hat am Grab von Lazarus geweint. Im Ölgarten in der Nacht vor seinem Sterben hat er Todesangst gehabt. Es ist ganz normal und zutiefst menschlich, solche Gefühle zu haben. Und es tut gut, sie auszudrücken!

Ein erfahrener Seelsorger sagte mir einmal:

> „Sie können sich Ihre Gefühle nicht aussuchen.
> Sie können nur wählen,
> ob Sie diese Gefühle zulassen
> oder verrückt werden wollen.“

Folgende Empfindungen begleiten in der Regel das Leben mit einer ernsten, lebensbedrohlichen Krankheit:

Zorn

Die Diagnose macht wie ein Tsunami alle Pläne, die man für das eigene Leben hatte, auf einen Schlag zunichte. Man fühlt sich seiner Zukunft beraubt, ist wütend auf die Krankheit, auf die Therapie, der man sich unterziehen muss, auf den Körper, von dem man sich betrogen fühlt.

Einsamkeit

Krankheit kann sehr einsam machen. Nahestehende Menschen ziehen sich womöglich zurück, weil sie nicht wissen, wie sie sich verhalten oder was sie sagen sollen. Aber auch wenn man weiter vertraute Menschen an seiner Seite hat, fühlt man sich oftmals zutiefst einsam. Denn keiner, der nicht in derselben Lage steckt, kann verstehen, was man durchmacht. Auch Menschen, mit denen man eng verbunden ist, schauen immer nur von außen auf die Situation.

Angst

Immer wieder sagen mir Menschen, dass sie nicht so sehr vor dem Tod selbst Angst haben, sondern vor dem Sterben. Diese Angst ist wie ein Ungeheuer, das in den Wahnsinn treiben kann. Wohl jeder hat Angst davor, Schmerzen ertragen zu müssen, die Kontrolle über den Körper zu verlieren.

Traurigkeit

Zu wissen oder zu ahnen, dass man wahrscheinlich nicht mehr allzu lange zu leben hat, kann in abgrundtiefe Traurigkeit stürzen. Damit muss man rechnen. Schließlich muss man vieles loslassen: sich selbst, so wie man vorher war; die Dinge, die man früher getan hat; Menschen, die einem viel bedeuten. Man trauert um die eigene Zukunft. Die Traurigkeit kann übermächtig werden, wenn man in der Stille der Nacht nicht schlafen kann oder wenn man am Morgen mit schwerem Herzen in den neuen Tag geht.

Verlegenheit

Das Gefühl der Verlegenheit mag zunächst als eine ungewöhnliche Reaktion erscheinen. Aber wir alle kennen Situationen, die wir vor allem als peinlich empfinden – und erst in zweiter Linie als schmerzhaft, zum Beispiel wenn wir vor aller Augen stolpern und hinfallen. Ähnlich ist die Reaktion bei einer Krankheit. In unserer Gesellschaft zählen vor allem Jugendlichkeit, Gesundheit, Unabhängigkeit. Kranksein, Abhängigsein, Kontrollverlust über das eigene Leben werden da als unerträglich empfunden.

Einer, der den Mut hatte, sich den Menschen in seiner Gebrechlichkeit zu zeigen, war Johannes Paul II. Er hat uns ein eindrucksvolles Zeugnis dafür gegeben, dass der Mensch eine Würde hat, die unabhängig von seiner Gesundheit oder Krankheit ist.

Wenn man seine Gefühle nicht wahrhaben will, kommen sie auf andere Weise zum Vorschein: etwa in körperlichen Symptomen wie Ausschlag, Übelkeit, Schlaflosigkeit oder in einer allgemeinen, nicht näher bestimmbaren Angst. Besser ist es, mit seinen Empfindungen umgehen zu lernen, sich ihnen bewusst zu stellen.

Morrie hatte eine tödliche Nervenkrankheit und wusste, wovon er redete: „Wenn du deine Gefühle verdrängst – wenn du sie dir selbst versagst –, kannst du nie von ihnen frei werden. Dann bist du nur mit der Angst beschäftigt. Du hast Angst vor dem Schmerz, du hast Angst vor dem Kummer ... Aber wenn du diese Gefühle zulässt, dich in sie hineinwirfst, ganz in sie eintauchst, sie voll und ganz durchlebst ... – dann und nur dann kannst du sagen: Also gut. Dieses Gefühl kenne ich jetzt! Und dann kannst du dich auch für eine Weile davon losmachen" (Mitch Albom, *Tuesdays with Morrie*, New York: Doubleday, 1997).

ZEITEN DER DUNKELHEIT

Gefühle können Gedanken hervorbringen. Und sehr dunkle Gefühle können sehr dunkle Gedanken und Versuchungen im Herzen hervorrufen: abgrundtiefe Verzweiflung, Hoffnungslosigkeit. Vor dem Eindruck, dass das Leid kein Ende nimmt, denken manche sogar daran, sich das Leben zu nehmen: Jeder vermeintliche Ausweg erscheint verlockend.

Therese von Lisieux hat während ihrer Krankheit viel gelitten. In den letzten Wochen ihres langen Todeskampfes riet sie einmal ihrer leiblichen Schwester und Priorin, Mutter Agnes, sie solle sorgfältig darauf achten, in Reichweite von Kranken, die sehr starke Schmerzen aushalten müssen, nie Medikamente zu lassen, mit denen sie sich vergiften könnten: „Wenn man so leidet, kann man jeden Augenblick den Verstand verlieren. Und dann könnte man sich leicht vergiften“ [30.8.1897].[1] Letztlich war ihr Glaube stark genug, ihr Vertrauen in die barmherzige Liebe Gottes grenzenlos; trotz aller dunklen Gedanken hat sie sich in ihrem Leid immer wieder ihm überlassen.

1 „Veillez bien ma Mère, me dit-elle un jour, lorsque vous aurez des malades en proie à d'aussi violentes douleurs, à ne point laisser auprès d'elles des médicaments qui soient poison. Je vous assure qu'il ne faut qu'un moment lorsqu'on souffre à ce point pour perdre la raison. Et alors on s'empoisonnerait très bien“ (Derniers entretiens, tome II, Annexes, édition critique, 1971, S. 348).

Wenn man mit Kranken zu tun hat, kann man die tröstliche Feststellung machen, dass die Erfahrung solchen inneren Leids ein Prozess ist, eine *vorübergehende* Phase. Es kann gut sein, dass sich ein Durchgang auftut oder man im Leid Trost und inneren Frieden findet.

Gott hat den Menschen mit einem freien Willen erschaffen:

Wir sind fähig, Entscheidungen zu treffen.

Wir können wählen, womit wir unseren Geist beschäftigen und was wir tun wollen.

Auch wenn sich der körperliche Zustand oder die äußeren Umstände unserer Kontrolle entziehen, können wir doch über die innere Einstellung mitbestimmen, die wir einnehmen wollen.

Man sagt, das Wasser, mit dem man Eier hart kocht, kocht die Karotten weich. Man kann sich vom Leid überwältigen lassen – oder man kann sich ihm stellen, es womöglich im Gebet Gott schenken und sich dem Leben zuwenden.

Wie man auf das Leid reagiert, bestimmt die Qualität des Lebens in einem ganz hohen Maß!

„EINE LUNGE, KEINE ANGST!“

Bevor ich einen Patienten besuche, mache ich mich mit seiner Krankengeschichte vertraut. Als ich las, dass Carol im linken Lungenflügel einen baseballgroßen Tumor hat, erwartete ich, eine schwache, schwerkranke Frau anzutreffen. Wie überrascht war ich, als Carol mich an der Tür begrüßte und mir mit raschen Schritten ins Wohnzimmer vorausging, um dann noch in der Waschküche eine Ladung Wäsche in den Trockner zu stecken. Nur ihre Kurzatmigkeit deutete auf die Krankheit hin – und auch das erst, nachdem wir uns eine Viertelstunde angeregt unterhalten hatten.

In mir verstärkte sich der Eindruck, dass ich mit Carol einen jener wichtigen Momente erlebte, die jahrelang wie ein kostbarer Schatz im Herzen lebendig bleiben. Während ich mich bemühte, ihr aufmerksam zuzuhören, versuchte ich mir jedes Detail ihrer bewegenden Geschichte einzuprägen. Ich habe sie immer noch ganz plastisch vor mir: einen vor Leben sprühenden Menschen, mit klaren Augen, die ihre Seele widerspiegelten.

Ich fragte Carol, wie sie es schaffte, unter diesen schwierigen Umständen so zu leben. Was war ihr Geheimnis? Carol erzählte, dass sie damit vertraut war, mit dem Schatten des Todes zu leben. Lange Zeit hatte sie mit einem gewalttätigen Ehemann zusammengelebt; diese Beziehung hatte sie in ständige Todesangst versetzt. Nach vielen leidvollen Jahren fand sie endlich den Mut, sich dieser Situation zu entziehen. Von der niederdrückenden Angst befreit, begann sie zu *leben*. Diese Erfahrung war für sie wie ein Licht, das plötzlich an einem finsteren Ort aufleuchtet.

Nachdem sie von ihrer tödlichen Krankheit erfahren hatte, sagte sie: „Ich habe ein Machtwort gesprochen und zwei Entscheidungen getroffen. Erstens, ich habe zum Tumor gesagt: Gut, eine Lungenhälfte hast du bekommen; die kannst du behalten. Aber mehr bekommst du nicht. Zweitens, ich habe damals beschlossen zu *leben* und mich nicht von der Angst beherrschen oder von ihr aufhalten zu lassen."

Carols unbeugsame Entschlossenheit, ihrem Motto „Eine Lunge, keine Angst!" treu zu bleiben, und ihr wachsender Glaube an Gott gaben ihr die Kraft, in dieser so schwierigen Etappe der Krankheit bewusst zu leben.

Intensiv leben

Es gibt Menschen, die ihr Leben radikal beschneiden, wenn sie von ihrer Krankheit erfahren. Augenblicklich dreht sich ihre ganze Welt nur noch um Arzttermine, Untersuchungen, Therapien. Und selbst wenn gerade nichts dergleichen unmittelbar ansteht, denken oder reden sie davon: Die medizinische Behandlung wird für sie zur mentalen Vollzeitbeschäftigung.

Ist die Behandlung dann abgeschlossen, fällt es schwer, zu Hause wieder ein normales Leben zu führen. Das Leben ist nicht mehr wie früher, man fühlt sich irgendwie verloren. Ich habe Patienten kennengelernt, die in diesem Zwischenzustand verharrten und die Zeit untätig verstreichen ließen; das Einzige, was sie taten, war, jeden Tag das Kalenderblatt abzureißen. Das ist nur „Zeit totschlagen"; „Leben bis zuletzt" sieht anders aus.

Die Unfähigkeit, zum normalen Tagesgeschäft zurückzukehren, kann ein Anzeichen einer klinischen

Depression sein, die durch den Schock der Diagnose ausgelöst worden ist. Wer unter Schlaflosigkeit oder Weinkrämpfen leidet, ein Gefühl von Hoffnungslosigkeit verspürt, keine Kraft hat oder sich nicht konzentrieren kann, sollte ohne falsche Scheu ärztliche Hilfe suchen.

In vielen anderen Fällen ist der Weg aus dieser Lähmung erstaunlich simpel. Indem man das tut, was man früher gewöhnlich tat, fängt man an, wieder „normaler“ zu empfinden. Von meiner Erfahrung her kann ich sagen: Normale Dinge zu tun, auch wenn man sich nicht „normal“ fühlt, ist der sicherste Weg, um das Leben wieder anzupacken.

DAS LEBEN WIEDER IN DIE HAND NEHMEN

Als ich Tina zum ersten Mal begegnete, hatte sie im Krankenhaus vom behandelnden Arzt gerade erfahren, dass man nichts mehr für sie tun könne; sie werde deshalb entlassen. Tina und ihre Familie glaubten den Worten des Arztes, und auch ich glaubte ihm. Offenbar war Tina dem Tod sehr nahe, und als ich mich von ihr verabschiedete, dachte ich, dass wir uns nicht mehr wiedersehen würden.

Aber Tina starb nicht. Tatsächlich wirkte sie jedes Mal, wenn ich sie besuchte, etwas kräftiger. Und jedes Mal aufs Neue schaute sie mich fassungslos an und fragte: „Was soll ich tun?" Und ich antwortete mit einer Gegenfrage: „Was würden Sie gern tun?" Darauf wusste Tina nichts zu erwidern, denn sie hatte keine Ahnung, was ein bald sterbender Mensch wohl tun sollte.

Als sie wieder bei Kräften war, schaffte Tina es, allein ins Bad zu gehen und sich zu waschen. Aber sie stellte weiter die übliche Frage: „Was soll ich tun?" Eines Tages fragte ich sie, einer plötzlichen Eingebung folgend: „Sind Sie schon mal ins Wohnzimmer gegangen?"

Meine Frage schien sie zu erschrecken: Hatte ich denn vergessen, dass sie sterben sollte? Dessen ungeachtet fuhr ich fort: „Sie müssen nicht immer im Schlafzimmer bleiben. Ein Ortswechsel könnte guttun!" Und weiter sagte ich: „Sie müssen auch nicht den ganzen Tag im Schlafanzug herumlaufen."

Dieser kleine Anstoß war genau das, was sie gebraucht hatte. Bei meinem nächsten Besuch traf ich Tina im Wohnzimmer an; sie trug „normale" Kleidung. Und stolz verkündete sie: „Ich habe dem Hund gerade die Haare geschnitten. Aber das ist kein Grund zur Euphorie. Denn das ist *alles*, was ich heute getan habe, und glauben Sie mir, ich habe meine ganze Kraft dafür gebraucht."

Es war der misslungenste Hundehaarschnitt, den ich je gesehen habe, aber das spielte keine Rolle. Tina hatte die Kurve bekommen. An dem Tag hat sie ihr Leben wieder in die Hand genommen und sich neu auf die Welt eingelassen. Sie kümmerte sich wieder um ihre Finanzen, machte mit ihren Kindern Ausflüge, sorgte für die Haustiere. Diese Dinge machten die letzten Monate ihres Lebens zu einer erfüllten und glücklichen Zeit.

Mit ihrer immer wieder gestellten Frage „Was soll ich tun?" wollte Tina von mir erfahren, wie sie sich auf ihrem „Weg ins Sterben" verhalten sollte. Darauf wusste ich nie eine Antwort, denn es war die falsche Frage. Schließlich fand Tina selbst die Antwort, als sie ihre „Sterbensmentalität" über Bord warf und wieder anfing zu leben, wie sie es immer getan hatte. Auch wenn die Krankheit es erforderlich machte, sich ihr anzupassen, ließ Tina nicht mehr zu, dass die Krankheit ihr tägliches Leben auffraß: In den acht „Bonus"-Monaten, die ihr blieben, hat Tina das Leben über weite Strecken regelrecht genossen!

Den eigenen Stil finden

Meine Lieblingsdefinition von Freundschaft lautet: „Ein Freund ist jemand, der das Lied deines Herzens kennt und es dir vorsingt, wenn du selbst es vergessen hast.“ Es ist ein großes Geschenk, wenn jemand mich durch und durch kennt, das Beste aus mir herausholt und beide Augen vor meinen Schwächen zudrückt. Zeit, Entfernung und eben auch Tod mögen die physische Gegenwart eines solchen Freundes unmöglich machen, aber selbst die Erinnerung an ihn lässt das Lied im eigenen Herzen wieder erklingen. Wie gute Freunde, so sind auch die besonderen „Markenzeichen“ eines Menschen: sein unverkennbar persönlicher Stil.

Man sollte nicht zulassen, dass die Krankheit alles andere aus dem Leben vertreibt. Man „ist“ schließlich nicht nur Krankheit. Die Menschen und Dinge, die man liebt, um sich haben: das bewahrt davor zu vergessen, wer man ist. Gerade wenn die Lebenszeit abläuft, ist es wichtig, ganz bei sich selbst zu sein, bei dem, was einen auszeichnet. Jemand sagte einmal:

„Ich glaube, nur jemand,
der sich seinen persönlichen Stil erhält,
kann davor bewahrt bleiben,
die gesunde Selbstliebe zu verlieren,
wenn die Krankheit versucht,
einen zu schwächen und zu entstellen.
Vielleicht fürchtet man nicht so sehr das Sterben,
als das geschwächte Selbst."

(Anatole Broyard, *Intoxicated by My Illness*,
New York: Fawcett Columbine, 1993)

ERFRISCHEND ER SELBST

Jack Boston war ein echter Cowboy, der in seinen gut 70 Lebensjahren dem Tod zigmal von der Schippe gesprungen war. Als ich Jack kennenlernte, hatte er ein Lungenemphysem im Endstadium. Diese Krankheit ruft, bedingt durch die chronische Atemnot, häufig Angst und Missmut hervor. Doch Jack hatte seinen eigenen Stil, damit umzugehen. Er kontrollierte seine Atmung, indem er seine Medikamente mit größter Sorgfalt wie „Werkzeuge" einsetzte, und er erfand auch eigene Hilfsmittel: Er benutzte unbemerkt den Heimtrainer, übte mit Hanteln, um seine Kräfte zu stärken, und verwendete bei seinen Atemübungen eine Nasenklemme.

Als Mensch, der ein unabhängiges Leben in der Prärie geführt hatte, hätte Jack bei seiner Krankheit eigentlich mit seinem Latein am Ende sein müssen: Zum ersten Mal in seinem Leben konnte er keinerlei praktische Arbeit mehr tun. Doch Jack beklagte sich nur selten und akzeptierte mit Würde die neue Situation. Die im Western-Stil dekorierten Wände seines Zuhauses und der Krimskrams auf den Möbeln erzählten von Jacks Liebe zu Pferden und Rindern. Er trug stets ein durchgeknöpftes Cowboy-Hemd, um jedermann daran zu erinnern, dass er beileibe nicht nur ein Patient war.

Natürlich hatte Jack auch kritische Momente. Vor allem nachts, wenn er allein war, kamen die schrecklichen Empfindungen seines Herzens hoch. Dennoch blieb Jack für alle der wunderbare Cowboy, der er immer gewesen war. Wenn am Morgen der Pflegedienst kam, um ihm beim Waschen zu helfen, warf Jack den Schlauch seines Sauerstoffgeräts wie ein Lasso um den Badezimmergriff und dirigierte auf sympathische Art jede Einzelheit.

Jack war ein aufmerksamer Mensch – ihm entging wirklich nichts. Als ich einmal die Auffahrt zu seinem Haus hochfuhr, begutachtete er den Wagen von seinem Lehnstuhl am Fenster aus. Und als ich ins Haus kam, teilte er mir mit, dass in einem Reifen wenig Luft war. „Da muss man ja an Gott glauben“, sagte er lachend, „denn irgendjemand muss auf Sie aufpassen, wenn man sieht, mit was für einem Auto Sie durch die Gegend fahren.“

Am meisten schätzte ich an Jack sein Geschick, Geschichten zu erzählen. Er beschenkte mich mit vielen Episoden und war selbst ein lebendes Relikt aus jenen unglaublichen Zeiten, die ihn so sehr geprägt haben. Ich erfuhr alles aus seiner Zeit auf den großen Ranches in Texas; seine Stories waren voll von verunglückten Reitern, gebrochenen Beinen und endlosem Schabernack. Ich brauchte nicht lang, um ihn zum Erzählen zu bringen, und selten hörte ich die Geschichte, die ich erwartet hatte. Jeder, der Jack besuchte, hatte beim Abschied ein frohes Gesicht.

Ich fragte eine andere Krankenschwester, die Jack auch betreut hatte, was Jack wohl zu diesem wunderbaren Menschen machte, als den alle ihn erlebten. Ohne Zögern antwortete sie: „Er ist einfach Jack, auf erfrischende Weise er selbst. Und nichts kann ihn daran hindern, Jack zu bleiben."

Jack hatte verstanden, dass jeder Mensch ein Unikat ist, ein einzigartiges Geschöpf Gottes, und berufen, als solches zu leben. Vor einiger Zeit stieß ich auf einen Satz des Kirchenvaters Irenäus von Lyon, der das trefflich zum Ausdruck bringt:

> „Die Ehre Gottes ist der lebendige Mensch."

Diese Worte beschreiben die letzten Kapitel in Jacks Leben: eines Menschen, der bis zuletzt sein Leben in vollen Zügen *lebte*.

Lasten ablegen

An einem Wendepunkt des Lebens mag die Frage hilfreich sein: Gibt es etwas, das mich niederdrückt? Wenn ja, was kann, was sollte ich dagegen unternehmen?

SCHMERZEN BEKÄMPFEN

Jeder Mensch schleppt unnötige Belastungen mit sich herum. Wenn es Schmerzen oder andere Beschwerden sind, ist der Arzt des Vertrauens gefragt. Schmerzen können immer kontrolliert werden. Keiner muss unnötig leiden oder sich damit abfinden. Der örtliche Hospizdienst hat gute Möglichkeiten, wenn dabei weitere Hilfe nötig ist.

VORSORGE TREFFEN

Als bedrückend wird empfunden, aufgrund der Krankheit irgendwann nicht mehr entscheidungsfähig zu sein, den eigenen Willen nicht mehr kundtun zu können. Um für diesen Fall vorzusorgen, ist es sinnvoll, einer Vertrauensperson entsprechende Vollmachten zu übertragen. Man klärt ausführlich ab, was man sich im Falle eines bestimmten Krankheitsverlaufs wünscht, wenn man selbst nicht mehr in der Lage sein sollte, sich entsprechend zu äußern. Der Bevollmächtige kann dann den Willen der betreuten Person vor Dritten vertreten und durchsetzen. Sinnvoll ist, seinen Willen schriftlich zu dokumentieren, und diese Entscheidungen sowohl dem Hausarzt als auch den nächsten Angehörigen mitzuteilen.

Es gibt verschiedene Vordrucke von Vorsorgevollmachten oder Patientenverfügungen, die man anfordern oder aus dem Internet herunterladen kann.

Hier die wichtigsten Vollmachten und Verfügungen im Überblick [siehe auch Anhang]:

Mit einer *Vorsorgevollmacht* überträgt der Kranke einer Person seines Vertrauens die Vertretungsvollmacht; sie ermächtigt die Vertrauensperson, im Bedarfsfall für den Kranken zu handeln.

Davon zu unterscheiden ist die *Betreuungsverfügung.* In ihr werden Wünsche festgelegt für den Fall, dass ein Betreuer bestellt werden muss, weil keine Vollmacht erteilt wurde.

In einer *Patientenverfügung* wird schriftlich der Wille des Patienten über die Art und Weise ärztlicher Behandlung festgehalten. Sollte der Fall eintreten, dass er selbst nicht mehr imstande ist, seinen Willen kundzutun, kann mithilfe der Patientenverfügung der Wille des Kranken in Bezug auf ärztliche Maßnahmen ermittelt werden, zum Beispiel was den Beginn oder das Ende lebenserhaltender Maßnahmen betrifft. So kann er, obwohl er dann aktuell nicht fähig ist zu entscheiden, auf ärztliche Maßnahmen Einfluss nehmen und sein Recht auf Selbstbestimmung wahren.

Man sollte sich rechtzeitig überlegen, wer für einen sorgen soll, wenn man es selbst nicht mehr kann. Gibt es Familienangehörige, die dazu bereit wären? Sollte man einen Pflegedienst oder eine Pflegeeinrichtung in Betracht ziehen? Auch wenn die Vorstellung, einmal ganz abhängig zu werden, beängstigend ist, auch wenn es schwerfällt, andauernde Hilfe anzunehmen, ist es in vielen Fällen unvermeidlich. Daniel Callahan bringt das auf den Punkt, wenn er sagt: „Vor der Abhängigkeit fliehen heißt, vor dem Menschsein zu fliehen" (*The Troubled Dream of Life*, New York: Simon & Schuster, 1993). Letztlich leistet, wer pflegebedürftig ist, den Pflegekräften sogar einen wertvollen Dienst: Er gibt ihnen die Gelegenheit, Güte und Mitgefühl zu üben sowie den tiefsten Sinn von Gemeinschaft zu erfassen.

Vielleicht fällt es schwer, den Angehörigen mitzuteilen, dass man einem Dritten die Vorsorgevollmacht übertragen will. Oft weigern sich gerade die Menschen, die einem am nächsten stehen, die Möglichkeit von Pflegebedürftigkeit oder Tod zu thematisieren. Der Kranke selbst schreckt womöglich davor zurück. Doch diese Themen zu gegebener Zeit offen anzusprechen, ist der beste Weg, um die Last einer ungewissen Zukunft leichter zu tragen. Hat man niemanden, den man ins Vertrauen ziehen kann oder will, gibt es professionelle Beratungsstellen. Jedes Krankenhaus oder Hospiz hat entsprechend geschultes Personal.

FRIEDEN SCHLIESSEN

Eine andere drückende Last sind zerbrochene Beziehungen, Groll aus der Vergangenheit, alte Wunden, die nie verheilt sind ..., insbesondere wenn zurückliegende Kränkungen über Jahre „gehegt und gepflegt“ wurden. Eine schwere Krankheit sensibilisiert dafür, Versöhnung zu suchen. Vielleicht ist der andere dazu nicht fähig oder bereit. Dann sollte man wenigstens sich selbst dem Geschenk der Vergebung im eigenen Herzen öffnen; es ist zum eigenen Wohl.

Vergeben ist kein Gefühl, sondern eine Tat. Vergeben will gelernt sein. Die Erfahrung zeigt, dass das Leben viele Gelegenheiten dazu bereithält. Manchmal kommen in einer schweren Krankheitsphase längst überwunden geglaubte Verletzungen oder schmerzliche Erinnerungen erneut an die Oberfläche. Das braucht keinen zu verunsichern. Vielleicht hilft in solchen Momenten das Gebet: „Vater, ich *möchte* vergeben, weil du *ihnen* ebenso vergibst wie mir.“ Diese Bitte lässt sich unzählige Male wiederholen. Vielleicht stellt man irgendwann fest, dass im Herzen Barmherzigkeit und Vergebung gewachsen sind.

Ein großes Geschenk in der katholischen Kirche ist das *Sakrament der Versöhnung* (die Beichte). Mir persönlich fällt es nicht immer leicht, zur Beichte zu gehen, denn es widerspricht meinem Stolz, einem anderen meine Fehler und Sünden zu bekennen. Früher versuchte ich mir einzureden, dass dieses Bekenntnis eine Privatangelegenheit zwischen Gott und mir sei. Aber mit der Zeit wurde mir bewusst, dass ich immer wieder für dieselben Dinge um Verzeihung bitten musste. Ich begriff, dass ich der stärkenden Gnade Gottes bedarf, die mir im Sakrament der Versöhnung zugesprochen wird, um ein neues Leben beginnen zu können. Und ich habe gemerkt, wie gut es mir tut, mir immer wieder die Worte zusprechen zu lassen: „Gott, der barmherzige Vater, schenke dir Verzeihung und Frieden ..."

Im *Katechismus der Katholischen Kirche* heißt es, das regelmäßige Sündenbekenntnis sei „für uns eine Hilfe, unser Gewissen zu bilden, gegen unsere bösen Neigungen anzukämpfen, uns von Christus heilen zu lassen und im geistlichen Leben zu wachsen" (KKK, Nr. 1458). Es ist das Geschenk der Versöhnung mit Gott und der Gemeinschaft, der Vergebung der Sünden, gepaart mit innerem Frieden und Klarheit des Gewissens, Tröstung und Stärkung im Geist. Man erfährt wahrhaft „geistliche Auferstehung". Papst Franziskus hat das Sakrament der Versöhnung mit einer „zweiten Taufe" verglichen, einer Erneuerung der Taufgnade (13.11.2013). Für mich ist es wie ein „Reinigungsbad der Seele".

Es kann schwerfallen, sich auf diese Form von Versöhnung einzulassen, insbesondere wenn man lange Zeit aus der Übung ist. Aber Gott ist ein Vater des Erbarmens, und der Priester, der in seinem Dienst steht, ist „Zeichen und Werkzeug der barmherzigen Liebe Gottes" (KKK, Nr. 1465). Alle Menschen ohne Ausnahme sind auf

die Vergebung Gottes angewiesen. Ich möchte dazu ermutigen, dieses Sakrament zu empfangen; der innere Friede, den man erfährt, ist unbezahlbar.
Christen, die einer anderen Konfession angehören, können mit einem Pfarrer oder persönlichen Freund ein solches seelsorgerliches Gespräch führen und zusammen mit ihm bei Gott Vergebung erbitten.

Ein weiteres „Sakrament der Heilung" in der katholischen Kirche ist die *Krankensalbung* [siehe auch den Anhang]. Viele Gläubige meinen immer noch, dass dieses Sakrament den letzten Momenten im Leben eines Menschen vorbehalten sei, sozusagen als „Letzte Ölung" des Sterbenden. Aber wie schon der Begriff „Sakrament der *Heilung*" oder „*Kranken*salbung" sagt, ist es gedacht als Stärkung im Glauben und Ermutigung des Kranken in seiner gegenwärtigen Situation. Der Kranke darf sich in seinem Leiden verbunden wissen mit Jesus, der auch gelitten hat – für uns Menschen, damit wir „heil" werden. Wer sein eigenes Leid mit dem Leiden Jesu vereinen kann, ist hineingenommen in sein Erlösungswerk (vgl. KKK, Nr. 1521).

Am besten wendet man sich an das Pfarrbüro der Gemeinde und erkundigt sich nach einer Möglichkeit, die Krankensalbung zu empfangen.

Wie gesagt können Krankheit und Schmerz Wut auslösen. Viele Menschen sind in ihrer Situation auch wütend auf Gott: So wie man Groll gegen Menschen hegt, die einem Leid zugefügt haben, hegt man Groll gegenüber Gott, weil er einem solche Schicksalsschläge zumutet. Diese Entrüstung soll man Gott gegenüber ruhig aussprechen; er weiß darum und kann unsere Entrüstung „verkraften“. Ich hörte von einem Geistlichen folgende Geschichte: Beim Besuch eines älteren Gemeindemitglieds entdeckte er in dessen Wohnzimmer auf dem Tisch einen umgestülpten Papierkorb. Als er ihn hochhob, fand er darunter eine kleine Jesusfigur. Etwas verlegen erklärte der alte Mann dem Pfarrer: „Wissen Sie, Jesus und ich liegen im Clinch miteinander.“

Es hat etwas für sich, wenn man mit Gott so vertraut ist, dass man mit ihm auch streiten kann. Die Kirchenlehrerin Teresa von Avila betete einmal in einem Anfall von Frustration: „Kein Wunder, Herr, dass du so wenig Freunde hast, wenn du sie so behandelst.“ Die Heilige Schrift ermutigt zur Auseinandersetzung: „Kommt her, wir wollen sehen, wer von uns Recht hat, spricht der Herr“ (Jesaja 1,18).

BLEIBENDE SCHÄTZE

Jim Gigliotti, ein Priester und guter Freund, erzählte mir eine Geschichte über seine beiden Großmütter, die in seiner Kindheit bei seinen Eltern lebten. Die eine Großmutter war Italienerin, die andere Irin. Jedes Jahr im Frühling holte die Familie mit viel Getöse zwei Koffer aus dem Keller, die je einer der beiden Großmütter gehörten. Und jedes Jahr aufs Neue vollzog sich dasselbe Ritual: Die beiden Frauen wickelten vorsichtig kleine Bündel aus, die sorgfältig in Seidenpapier geschlagenes Leinen enthielten. Dann wurde alles gewaschen, gebügelt, zusammengelegt und sorgsam wieder in Seidenpapier eingewickelt. Die Bündel kamen wieder in die Koffer, und diese wanderten zurück in den Keller.

Man konnte sicher sein, dass irgendjemand wie auch schon im Jahr zuvor die Frage stellte, wann denn dieses Leinen Verwendung fände. Daraufhin antworteten die Großmütter jedes Mal ganz entsetzt, dieses Leinen sei kein Gebrauchsgegenstand, sondern werde für ganz besondere Gelegenheiten aufgehoben. Erst dann werde man das wunderschöne Leinen hervorholen und das Fest aller Feste feiern – nicht eher.

Schließlich starben beide alten Damen, und das jährliche „Leinenritual“ geriet lange Zeit in Vergessenheit. Als Pfarrer Gigliotti seine erste hl. Messe feiern sollte, kam ihm die Idee, dafür das Leinen der Großmütter zu verwenden; eine Primizmesse wäre doch sicher eine „hinreichend besondere Gelegenheit“. Die Familie war einverstanden. Die verstaubten Koffer wurden aus dem Keller geholt und geöffnet. Doch mit großer Betroffenheit musste die Familie feststellen, dass der Stoff total zerfallen war. Nichts außer einem Haufen Staub war übriggeblieben. Die schmerzhafte Lektion lautete: Sammle dir Schätze, die nicht vergehen, und genieße beizeiten das, was du hast – du kannst es nicht auf Dauer festhalten und schon gar nicht mitnehmen.

LOSLASSEN

Bea, eine meiner Patientinnen, hatte ein unglaubliches Talent, unbeschwert zu leben. Zu Beginn ihrer Betreuung durch das Hospiz war sie noch ganz eigenständig und fuhr selbst mit dem Auto. Bei einem meiner ersten Besuche vereinbarte sie mit mir, dass ihre Einladungen zum Mittagessen Vorrang hatten vor meinen Besuchen als Hospizschwester.

Bea hatte ein hübsches Haus, und sie wusste, dass es eines Tages nicht mehr möglich sein würde, dort allein zu leben. Sie war unschlüssig, ob sie das Angebot ihrer Tochter annehmen sollte, zu ihr zu ziehen. Bea hatte Sorge, damit den Lebensrhythmus der Familie durcheinanderzubringen und die Tochter zu sehr zu belasten.

Einige Monate später hatten Beas Kräfte derart abgenommen, dass sie nicht mehr allein aus dem Haus gehen konnte. Sie teilte mir mit, dass sie in der kommenden Woche zu ihrer Tochter ziehen werde. Diese Entscheidung überraschte mich, und ich hielt sie für verfrüht. Doch Bea erklärte mir, dass ihre Tochter in der nächsten Woche Urlaub habe und somit Zeit, ihr zu helfen. Zudem sei es sinnvoller, gleich umzuziehen, als so lange zu warten, bis es womöglich zu spät wäre.

Obgleich Bea diese Entscheidung schwerfiel, machte sie das Beste daraus. Sie packte die kleinen Schätze zusammen, von denen sie sich nicht trennen konnte, und bestimmte die Möbel, die in ihr neues Zimmer sollten. Tochter und Schwiegersohn bat sie, alles andere zu verkaufen, sofern diese selbst es nicht wollten oder nicht gebrauchen konnten. Bevor das Haus verkauft wurde, lud Bea ihre Freunde ein, sich etwas von ihren persönlichen Sachen auszusuchen. Es tat ihr weniger weh, sich von geliebten Dingen zu trennen, wenn sie wusste, dass ihre Freunde diese Dinge genauso wertschätzen würden, wie sie es getan hatte.

Zu guter Letzt vollzog Bea einen außerordentlichen Akt der Großzügigkeit. Sie schenkte ihr Auto einem Freund, der dringend eines brauchte. Mehr als einmal hörte ich sie später kichernd murmeln: „Ich kann's nicht fassen, dass ich das getan habe."

Bea lebte mehrere Monate bei ihrer Tochter. In dieser Zeit bemühte sie sich, über die Schwierigkeiten hinwegzusehen, die sich einstellen, wenn man in einen neuen Haushalt kommt. Sie konzentrierte sich auf die positiven Aspekte ihres Umzugs. Die Beziehung zu ihrer Tochter wurde enger, und Bea hatte die Gelegenheit, täglich mit ihrem kleinen Enkelkind zusammen zu sein. Früher hatte sie bedauert, es nicht so oft sehen zu können, wie sie gewollt hätte. Sie wünschte sich, dass sich ihr Enkel einmal an sie erinnern möge.

Bea bestand darauf, dass die Familie ihrer Tochter möglichst weiterlebte wie bisher, und auch sie selbst pflegte weiter ihre eigenen Interessen. Sie verbrachte Zeit mit Freunden und ging häufig mit ihnen aus. Auch wenn sie das Essen im Restaurant nicht mehr genießen konnte, genoss sie umso mehr die Gesellschaft. Und als sie nicht mehr ausgehen konnte, kamen die Freunde zu ihr.

„In gewisser Hinsicht war die Krankheit ein Geschenk", sagte Bea zu mir. „Ich habe so viele wunderbare Menschen besser kennengelernt, die ich vorher nur flüchtig kannte. Sie sind mir gegenüber jetzt viel offener. Vielleicht fühlen sie sich bei mir sicherer und sind mehr sie selbst, weil sie wissen, dass meine Zeit begrenzt ist." Bea erwiderte dieses Vertrauen, indem sie ganz offen über ihre Krankheit und ihren baldigen Tod redete. Dabei hatte sie keineswegs die Absicht, nur auf den Tod hinzuleben. Sie konzentrierte sich auf das Leben, und der Glaube half ihr dabei.

Wenige Wochen vor ihrem Tod spendete Bea für die Organisationen, in denen sie früher ehrenamtlich tätig gewesen war oder von denen sie profitiert hatte. Es war ihr wichtig, noch zu Lebzeiten ihre Wertschätzung und Unterstützung ausdrücken zu können.

Bea blieb bis zuletzt so selbständig und unabhängig wie möglich. Als das kaum mehr ging, sorgte ihre Tochter dafür, dass immer jemand bei ihr war. Bea war nur einen Tag bettlägerig. Als ich sie zum letzten Mal besuchte, war sie zu schwach, um sich selbst zurechtzumachen, und da ich sie kannte, ahnte ich, wie viel ihr das ausmachte. Bea starb friedlich in den frühen Morgenstunden, während die ganze Familie schlief.

Beas Beerdigung war eine wahre Dankfeier für ihre Großzügigkeit und das Geschenk ihrer Freundschaft und ihres starken Glaubens. Anschließend ging das Fest draußen mit frisch gebackenem Kuchen bei strahlendem Sonnenschein weiter – es war wie ein Gruß von Bea, eine Fortsetzung ihrer Gastfreundschaft vom Himmel aus.

Prioritäten setzen

Manchmal stelle ich mir das Leben wie die Reise in einem Wildwest-Treck vor, der durchs Land zieht. Die frühen Pioniere, die ihr Zuhause verlassen hatten, führten in den Planwagen alles mit, was ihnen wertvoll war oder worauf sie nicht verzichten wollten. Wenn ein schwieriger Pass zu überqueren war, konnte das Gewicht des Wagens allerdings lebensgefährlich werden. Also mussten die Siedler – ob sie wollten oder nicht – entscheiden, was sie entbehren konnten.

Ich stelle mir vor, wie viel es sie gekostet haben mag, altgediente Gebrauchsgegenstände, ein liebgewordenes Erbstück oder die Kiste mit den Familienschätzen auszuladen und zurückzulassen. Entscheidend war allein die Zweckmäßigkeit einer Sache. Und jeder vormalige „Schatz“, der die Weiterreise erschwerte oder gefährdete, verlor seinen Wert.

Das Wesentliche zuerst,
Unwesentliches muss warten!

Um das zu lernen, braucht man vielleicht das ganze Leben. Diese Unterscheidung wird umso dringlicher, je weniger Zeit bleibt. Wenn man durch eine Krankheit sehr geschwächt ist, kann man die verbliebenen Kräfte nicht für Banalitäten verschwenden.

Ich wohnte eine Zeit lang in einer ländlichen Stadt im Westen von Texas. Mir gefiel, dass die Bewohner nichts auf Statussymbole gaben. Soweit ich sehen konnte, lag meinen Nachbarn zum Beispiel nichts an einem schnittigen Wagen, schicker Designerkleidung ... Mit der Zeit lernte ich, dass ihnen Prestige und Status durchaus etwas bedeuteten, freilich in den Grenzen einer grundsätzlichen Genügsamkeit. Jede Frau, die ihren Kindern die Haare schneiden und gut kochen konnte, ihr Haus in Schuss hatte und auf den Feldern mitarbeitete, genoss einen gewissen sozialen Status.

Meine Nachbarn waren sehr fleißige und sparsame Leute, aber eine Frau des Ortes übertraf alle. Ihre Kinder hatten auffallend gute Manieren, ihre Kochkünste waren unangefochten, ihr Garten und die Farm nahezu perfekt. Aufgrund der Wasserknappheit waren die meisten Gärten trocken und braun. Diese Frau hingegen, so erzählte man sich, verwendete sogar noch das Wasser, in dem sie die Würstchen warm gemacht hatte, für ihren Garten. Eines Tages hörte ich während einer kirchlichen

Wohltätigkeitsveranstaltung, wie eine vielbeschäftigte Mutter von sechs Kindern einer Freundin gestand, dass sie sich damit abgefunden habe, „nie wie jene Frau" zu sein. Und sie habe beschlossen, mit ihrem Würstchenwasser *nicht* die Blumen zu gießen; niemand könne sie dazu zwingen.

Diese Entscheidung spricht von einer gesunden inneren Freiheit. Niemand kann dazu verpflichtet werden, mit den Nachbarn zu konkurrieren oder gar sie zu übertrumpfen. Wie viel mehr gilt das für einen schwerkranken Menschen: Er kann es sich nicht leisten, kostbare Zeit mit unnützen Dingen zu verbringen. Wenn er Prioritäten setzt, sich auf das konzentriert, was von Wert ist, und Zweitrangiges außer Acht lässt, können seine Tage an Qualität gewinnen. Er vermeidet, dass er über seine Kräfte lebt; vielleicht werden ihm einige Tage hinzugeschenkt.

Wenn ich mit meinen Patienten über diese Dinge spreche, erzähle ich ihnen oft von meiner „Kräftebox-Methode": Wenn man für den Tag jeweils nur eine Box zur Verfügung hat, sollte man ihren Inhalt klug einsetzen. Ausgangspunkt ist die Zeit des Tages, in der man über die meiste Energie verfügt. Wofür will ich sie gebrauchen: Tue ich bestimmte Dinge, weil ich zu stolz bin, jemand anders darum zu bitten? Ein Beispiel: Will ich meine Kraft dafür verwenden, zum Briefkasten zu gehen, oder wäre sie besser eingesetzt, wenn ich einen Besuch mache? Man sollte sich – zumindest im Geiste –

eine Liste machen von Dingen, die man gerne tun möchte. Wenn man dann an einem Tag vor Energie sprüht (die „Box“ bis zum Rand gefüllt ist), sollte man zuvor auf jeden Fall auf diese Liste schauen. Wer diese Methode gut beherrscht, kann mancherlei Enttäuschungen vermeiden, auch wenn die „Box“ an einem Tag mal nur halbvoll ist.

Hin und wieder sagen mir Patienten, die sich an einem Tag völlig ausgepowert fühlen, voller Überzeugung, dass es mit ihnen abwärts gehe. Ich frage sie dann, was sie am Tag zuvor gemacht haben. Allein ihre Aufzählung kann ermüden! Es ist unklug, alles auf einmal zu tun. Konzentration auf das Mögliche, *nicht* auf das Unmögliche, ist die Devise. Wahrscheinlich geht nicht mehr alles so, wie man es gewohnt war. Aber vielleicht gibt es Dinge, für die man schon immer mal Zeit haben wollte und die keine große Kraftanstrengung erfordern. Bereits eine halbe Stunde am Tag, die man für etwas Kreatives einsetzt, kann die eigene Perspektive verändern und den Geist beleben.

EINIGE ANREGUNGEN:

Es ist gut, sich zu überlegen, was man tun möchte, weil es einem wichtig ist, sinnvoll erscheint, innerlich Freude bereitet. Einige Beispiele:

- Die eigene Lebensgeschichte bedenken oder niederschreiben.
- Alte Fotos durchschauen und ordnen.
- Einem Freund oder Verwandten etwas zeigen, was kein anderer ihnen zeigen kann.
- Etwas lernen, was man schon immer lernen wollte.
- Etwas Kreatives in Angriff nehmen, was seit Jahren darauf wartet.
- Einem jüngeren Menschen erzählen, was man in schweren Zeiten über das Leben gelernt hat.
- Nach und nach das in Angriff nehmen, was sich angesammelt hat – in einer Schublade, Schachtel oder im Schrank – und das Durcheinander beseitigen.
- Musik verschiedener Stilrichtungen anhören.
- Den Menschen, die man gern hat, einen Brief schreiben und ihnen sagen, was sie einem bedeuten.
- Das Gebetsleben intensivieren.

ANDEREN HELFEN ZU HELFEN

Die Hilfe anderer in Anspruch nehmen müssen, das ist für die meisten Menschen ein harter Aspekt der Krankheit. In der Realität kommt früher oder später allerdings für jeden der Moment, wo es gilt, den eigenen Stolz zu überwinden und um Hilfe zu bitten.

Wenn man sich beharrlich weigert, kann das ein Zeichen sein für „einen erschreckenden Mangel an Vertrauen in andere, in die Kraft einer Liebe, die nie aufgibt, und in die eigene Fähigkeit, die Hilflosigkeit zu überwinden“ (Gregg Levoy, *Callings: Finding and Following an Authentic Life*, New York: Harmony Books, 1997). Um Hilfe bitten verlangt gleichermaßen Mut wie Demut, aber in der Regel fällt es mit der Zeit leichter.

Wer auf Hilfe angewiesen ist, kommt sich manchmal nutzlos vor: Man wollte doch niemandem zur Last fallen! Wer so denkt, sollte sich eine Situation in Erinnerung rufen, in der er selbst jemand anderem auf dessen Bitte hin geholfen hat. Er wird diese Person wohl kaum als Last oder nutzlos empfunden haben. Es ist mehr als wahrscheinlich, dass es umgekehrt genauso ist!

Jede Beziehung, auch die zwischen Patient und Betreuer, besteht aus Geben und Nehmen. Ein Kranker darf nie unterschätzen, was *er* denen, die ihn unterstützen, geben kann. Im Rückblick stellt man für gewöhnlich fest, dass es gerade die kleinen Dinge waren, die am meisten Freude bereitet haben: gute Gesellschaft, ein freundliches Lächeln, eine Äußerung aufrichtiger Wertschätzung – all das sind Gaben, mit denen man andere beschenken kann. Besonders wertvoll ist für die Pflegeperson das persönliche Beispiel: Wer auch in der Krankheit er selbst zu bleiben versteht, zeigt damit, dass auch schmerzliche Situationen mit Würde gelebt werden können.

Den Blick weiten

Hat man auf der Reise des Lebens tatsächlich viele Lasten abgelegt und Prioritäten gesetzt, könnte man sich der Täuschung hingeben, es damit im Griff zu haben. Das ist freilich kein gutes Ansinnen. Wer die Kontrolle behalten will, fühlt sich für vieles verantwortlich und bürdet sich womöglich Sorgen auf. Vertraut man sich – um im Bild der Reise zu bleiben – hingegen einem umsichtigen „Fahrer" an, kann man die Landschaft entspannt genießen und dabei viel Freude erleben …

ZWEI GANZ VERSCHIEDENE REISEN

Westtexas ist ein endlos weites Land ... Die Stadt Amarillo liegt sechs Autostunden von Forth Worth, meinem Elternhaus, entfernt. Diese Strecke habe ich unzählige Male zurückgelegt. Wenn ich als einzige Fahrerin das Auto voller Kinder hatte, wurde es immer eine nervenaufreibende Fahrt: Ich machte mir Sorgen um die Temperatur des Motors, den Reifendruck, die hungrigen Kinder, die nächste Pause, das Wetter ... Bei der Ankunft war ich jedes Mal völlig fertig und brauchte Stunden, um mich einigermaßen zu regenerieren und den Besuch genießen zu können.

Ich erinnere mich an eine weitaus weniger stressige Fahrt zusammen mit meinem Mann und den Kindern. Wir hatten ausgemacht, in den Ferien ein Auto zu mieten und von Texas nach Kalifornien zu fahren. Zunächst wollte ich selbst alles unter Kontrolle behalten und gängelte meinen Mann, der am Steuer saß. Nach einigen angespannten Stunden als schlechte Beifahrerin beschloss ich, das Fahren endlich meinem Mann zu überlassen.

Jetzt hatte ich den Blick frei für die wunderschöne Landschaft um mich herum. Je mehr ich meinen Mann gewähren ließ, desto entspannter wurde ich. Ich genoss die Reise und entdeckte vieles, was wir miteinander teilen konnten. Ich fand auch Zeit, ein Buch zu lesen und Tagebuch zu schreiben. Ab und zu machten wir Rast, um zu essen oder uns einfach nur umzuschauen und uns an den Wundern der Natur zu erfreuen.

Hätte ich selbst am Steuer gesessen oder mich als Beifahrerin weiterhin eingemischt, wären unsere Ferien bestimmt ein Albtraum geworden. Ich hätte keine Freude gehabt und auch nicht so viel gelernt.

Auf das Leben übertragen, muss man sich klarmachen, wie man seine „Reise" gestalten will. Man kann sich weiterhin an ein falsches Verständnis von Kontrolle klammern und sich – bildlich gesprochen – von der Verantwortung, die man als Fahrer hat, erdrücken lassen, oder auf den Beifahrersitz rücken und Gott so sehr vertrauen, dass man ihm die Verantwortung überlässt. Wenn man ihm „Autoschlüssel, Lenkrad, Straßenkarte" und alle Sorgen überlässt, wird man gewiss feststellen, dass auch schwierige Etappen überwunden werden, und man kann sogar öfter die Landschaft genießen. Natürlich gelingt dieses Sich-Überlassen nicht von einem Moment auf den anderen. Man braucht sich nicht zu wundern, dass man Gott womöglich instinktiv „ins Lenkrad greift" oder sich besorgt fragt, was einen nach der nächsten Kurve erwartet. Dann genügt es, die „Kontrolle" einfach von Neuem abzugeben.

Es lohnt sich, Gott wirklich *alles* zu überlassen – er *ist* vertrauenswürdig! Er, der das ganze Universum ohne uns geschaffen hat, wird sich auch unserer Probleme, Sorgen und Angelegenheiten annehmen. Sorgen „rauben" dem Leben wahrscheinlich Tage; ganz sicher „rauben" sie den Tagen Lebensqualität. Deshalb gibt die Heilige Schrift den Rat: „Werft alle eure Sorge auf ihn, denn er kümmert sich um euch" (1 Petrus 5,7).

Warum die Kraft und Aufmerksamkeit für Dinge verschwenden, die vielleicht nie geschehen werden – oder selten so geschehen, wie wir sie uns vorstellen!? Jesus versichert uns: „Sorgt euch nicht um morgen; denn der morgige Tag wird für sich selbst sorgen. Jeder Tag hat genug eigene Plage" (Matthäus 6,34). Wer Gott alles übergibt, dem öffnet sich das Fenster der Seele für die Gabe der Freude, den Hauch des Geistes – auch in schwierigen Zeiten.

FREUDE, EINE GABE DES GEISTES

Das Gefühl von Freude zu schildern, ist nicht leicht, aber man *weiß*, wenn man froh ist. Die in England lebende Eremitin Wendy Beckett (* 1930) beschreibt die Freude als etwas, das einen ganz plötzlich überwältigen und durchfluten kann. Man wird sich bewusst, dass das Leben eine ernste Sache ist und erkennt, dass letztlich die Liebe das Fundament von allem ist. Wer das spürt, kann zu einer Freude durchstoßen, die einem durch kein Scheitern, durch keinen Misserfolg genommen werden kann. Den Moment, in dem wir zu dieser Freude finden, werden wir nicht mehr vergessen; in diesem Augenblick haben wir gewissermaßen „gewonnen" (vgl. Wendy Beckett, Meditations on Joy, New York: Dorling Kindersley, 1995, 30).

In Westtexas geben Radio und Fernsehen bei Unwetter eine Tornadowarnung heraus. Das bedeutet nicht, dass der Tornado auf jeden Fall eintrifft – manche Anzeichen deuten lediglich darauf hin. In einen vergleichbaren Alarmzustand kann eine lebensbedrohliche Diagnose versetzen: Es *könnten* Schmerzen und Komplikationen eintreten. Doch das heißt nicht, dass man in einer solchen Situation nicht auch Freude empfinden kann. Die Chancen dafür stehen sogar recht gut, wenn man sich selbst auf den Pfad der Freude begibt und die Voraussetzungen schafft: gute Musik hören, Zeit mit Freunden verbringen, gemeinsam lachen, die Schönheiten der Kunst, der Natur entdecken, sich Zeit für das Gebet nehmen. Tatsächlich kann die Freude auch in Menschen aufbrechen, deren Leben von Leid geprägt ist; denn die Freude ist eine Gabe von Gott, der den Betrübten und Verzweifelten stets nahe ist. Ich habe das immer wieder, oft überraschend erlebt.

Der Glaube lehrt uns, dass die innere Freude in uns eine „Erstlingsfrucht der ewigen Herrlichkeit" sei (vgl. KKK, Nr. 1832), eine Art Vorgeschmack auf die Freude, die uns einmal erwartet. Wir dürfen Gott vertrauensvoll darum bitten, dass er in uns die Freude vermehre. Gott sei mehr darum besorgt, seinen Segen über uns auszugießen, als wir darauf aus sind, diesen zu empfangen, sagt Augustinus. Um die Gabe der Freude zu bitten und sich auf ihre Spuren zu begeben ist eine weise Entscheidung – und eine gute Vorbereitung auf das, was das Leben für uns bereithält.

Sich voll entfalten

Wer ernstlich krank ist, ist wie „befreit" von dem Leistungsdruck und dem Konkurrenzdenken, denen der Mensch gewöhnlich im täglichen Leben ausgesetzt ist. Doch diese „Befreiung" stellt eine neue Herausforderung dar; das Gebäude der Betriebsamkeit bricht zusammen, und während Energie und Aktivität eingeschränkt sind, rücken die eigentlichen Fragen des Lebens in den Vordergrund:

> Was ist das Leben? Welchen Sinn hat *mein* Leben?
> Gibt es ein Leben nach dem Tod?

Die Auseinandersetzung mit diesen Fragen kann ein Schritt sein, um innerlich zu reifen, die Sinne des Herzens und des Geistes zu entfalten und die zu werden, als die Gott uns erdacht hat. Das aber heißt – mit einem womöglich altmodisch oder fremd klingenden Wort gesagt – nichts anderes als *heilig* zu werden. Vielleicht ist das zunächst kein attraktives Ziel, und doch: Jeder Mensch ist zur Heiligkeit berufen [vgl. Levitikus 19,1; 1 Petrus 1,15f]. Natürlich wird niemand als Heiliger geboren; Menschen sind immer nur heilig „im Werden". Auch viele große Persönlichkeiten des Glaubens hatten eine bewegte Vergangenheit, aber sie haben sich Gott und seiner Gnade geöffnet. Mutig haben sie auf die barmherzige Liebe Gottes geantwortet und ihr Leben geändert. In Christus sind sie eine „neue Schöpfung" [vgl. 2 Korinther 5,17] geworden. Auch jede und jeder von uns kann „heilig" werden! Nur haben wir häufig eine falsche Vorstellung von Heiligkeit.

Man muss dafür *nicht* auf schmerzlindernde Medikamente verzichten. Man muss *keine* speziellen Bußübungen oder Erschwernisse suchen – die stellen sich von selbst ein. Man muss *nicht* seine Persönlichkeit verbiegen, um ein heiligmäßiges Leben zu führen. Gott schenkt uns, so wie wir sind, seine Gnade, und führt uns zur Reife. Das, was uns ausmacht, unsere Einzigartigkeit, unsere besonderen Gaben, all das soll hell leuchten. Gott möchte uns inneren Frieden schenken, damit wir uns auch in dunklen Stunden getragen wissen.

MIT SEINEN GRENZEN »GANZ« WERDEN: HEILIG!

Jesus sagt kurz und bündig, worauf es im Leben ankommt: Gott lieben mit ganzem Herzen, mit ganzer Seele und mit allen Gedanken, und den Nächsten lieben wie sich selbst [vgl. Matthäus 12,28–31].

Diese drei Richtungen der Liebe – Gott, der Nächste, ich – sind eng miteinander verbunden. Es kann sein, dass wir zeitweise das Augenmerk stärker auf eine dieser Richtungen lenken müssen. Häufig ist es am schwersten, sich selbst zu lieben. Dabei hat Gott uns aus Liebe ins Leben gerufen. Jede, jeder Einzelne ist in seinen Augen kostbar und liebenswert. Das sollte man sich immer wieder in Erinnerung rufen! Wir sind geliebt und zur Liebe berufen.

Oft vergessen wir, Gott für die Gaben, die er uns geschenkt hat, zu danken. Vielleicht, weil wir zu sehr mit den eigenen Fehlern und Sünden beschäftigt sind. Mag sein, dass Fehler und Sünden der Vergangenheit belasten. Dann kann es sinnvoll sein, ein „Reinigungsbad“ zu nehmen, zum Beispiel ein Gespräch mit jemandem zu führen, der in der Seelsorge tätig ist. Und auch wenn es „aus der Mode“ gekommen scheint: Eine gute Hilfe kann es auch sein, zur Beichte zu gehen (gern wird der Priester einem helfen, wenn man keine Übung darin hat oder nicht weiß, wie das geht!). Jedenfalls ist die Beichte ausgesprochen hilfreich, um das, was einem auf der Seele liegt, „abzugeben“ und neue Lebenskraft zu schöpfen.

Gott ist immer bereit, uns Menschen zu vergeben! So sollen auch wir es machen: uns selbst und einander vergeben! Das befreit: Es befreit dazu, zu lieben und Liebe anzunehmen.

Falsche Gottesbilder

Gott zu lieben – zumal „aus ganzem Herzen, ganzer Seele und mit allen Gedanken“ – das mag als Überforderung erscheinen, insbesondere wenn man eine falsche Vorstellung von Gott hat. Wie viele Menschen hatten oder haben ein verzerrtes Gottesbild; sie meinen, Gott sei ...

... ein zorniger, rachsüchtiger Gott, der den Menschen Angst einflößt. Vor einem solchen Gott muss man sich in Acht nehmen; man muss gut überlegen, was man sagt! Nein, so ist Gott nicht!

... viel zu beschäftigt, als dass er sich um die banalen Dinge unseres Lebens oder um den Durchschnittsmenschen kümmern würde. Nein! In Wahrheit ist Gott einer, der sich für uns und unser Leben interessiert: Er hört uns zu, er weiß, was uns bewegt!

... eine Art lieber Onkel oder gutmütiger Opa. Solange die Menschen es sich gut gehen lassen und ihren Spaß haben, lässt Gott sie in Ruhe und umgekehrt. Nein, Gott möchte mit uns in Beziehung treten; er nimmt uns ernst, ihm liegt an uns!

... ein Lückenbüßergott: Wenn man ihn braucht, holt man ihn aus der Kiste; dann verstaut man ihn wieder und lebt weiter, als wäre er nicht da.

Glauben ist Vertrauen auf die Liebe

All diese Zerrbilder haben nichts mit dem wirklichen Gott zu tun. Jesus von Nazaret, der menschgewordene Sohn Gottes, hat einen ganz anderen Gott verkündet. Gott ist unaussprechliches Geheimnis, allmächtig, allgegenwärtig, ohne Anfang und Ende; er ist treu, mitfühlend, gnädig und barmherzig, zuverlässig, und er steht zu seinen Verheißungen ... Kurzum: „Gott ist die Liebe“ [vgl. 1 Johannes 4,16].

Glauben, das heißt: auf die Liebe Gottes vertrauen, auf ihn bauen – und auf seine Liebe antworten. Dieser Glaube ist ein Geschenk von ihm. Aber Gott zwingt es uns nicht auf. Er möchte, dass wir dieses Geschenk aus freien Stücken annehmen. Und dieser Glaube muss auch immer wieder genährt werden, damit er wachsen und reifen kann. Vieles kann uns dabei helfen, auch in Zeiten, in denen es uns nicht gut geht. Da wird jeder Einzelne herausfinden, was ihm möglich ist, was ihm entspricht. Helfen können die „Schriftlesung“, das heißt das Lesen in der Bibel, das tägliche Gebet, auch der Empfang der Sakramente. In der Feier der Eucharistie hören wir Gottes Wort, beten in Gemeinschaft und werden in der Kommunion/im Abendmahl mit Christus und untereinander verbunden. Wer aus gesundheitlichen Gründen nicht am Gemeinde- oder auch Krankenhausgottesdienst teilnehmen kann, hat die Möglichkeit, die Krankenkommunion/das Krankenabendmahl zu empfangen.

In vielen Gemeinden gibt es entsprechende Dienste [siehe Anhang].

BETEN

Gerade in Zeiten der Krankheit kann Beten schwer werden. Das kann unter anderem daran liegen, dass man eine zu enge Vorstellung davon hat, wie „man" beten sollte. Auch ein einziges Wort, aus tiefstem Herzen gesagt, das man in seiner Not oder Schwäche an Gott richtet, ist bereits Gebet!

Kurze Sätze, sogenannte „Stoßgebete" wie „Herr, ich glaube; hilf meinem Unglauben"; „Jesus, ich vertraue dir"; die Anrufung des Namens „Jesus" können uns Mut machen und den Glauben stärken. Man kann in jeder Haltung beten. Wo und wie man betet, hängt von den Umständen ab.

Es gibt viele verschiedene Weisen zu beten.
Gebet ist zum Beispiel, wenn wir:
- Gott unser Leid klagen;
- an Gottes Liebe und Barmherzigkeit denken;
- in der Heiligen Schrift lesen und darüber nachdenken;
- uns vorstellen, dass wir unseren Kopf an Jesu Schulter legen und bei ihm ausruhen können;
- auf die Stimme des Heiligen Geistes in unserem Herzen lauschen;
- den Schmerz, das Leid Gott schenken.

Als Therese von Lisieux einmal gefragt wurde, was für sie Gebet ist, sagte sie: „Für mich ist das Gebet ein Aufschwung des Herzens, ein einfacher Blick zum Himmel empor, ein Schrei der Dankbarkeit und der Liebe, aus der Mitte der Prüfung wie aus der Mitte der Freude" (Selbstbiographische Schriften. Authentische Ausgabe, Einsiedeln 1958, 15. Aufl. 2003, S. 254f).

Auch eine schön gestaltete Umgebung kann das Herz zu Gott erheben; sei es ein Kreuz, eine Bibel oder ein anderer religiöser Gegenstand, ein Andachtsbildchen oder ein besonderes Foto ..., worauf unser Blick fällt: Jeder wird seinen Weg finden, Gott „auf der Spur zu bleiben". Alles, was uns an die Liebe Gottes erinnert, stärkt unseren Glauben.

Das Bemühen, die Mitmenschen zu lieben, und die Bereitschaft zur Versöhnung sind wie ein Glaubenstraining. Umgekehrt wird der Glaube geschwächt, wenn ich mich weigere zu lieben und zu verzeihen. Manchmal könnte man meinen, alles wäre viel leichter, wenn es nicht all die schwierigen Leute gäbe. Doch gerade diese Menschen geben uns die Chance, uns in der Liebe, in der Hoffnung und im Glauben zu bewähren!

Im Glauben wissen wir, dass Gott *alle* Menschen liebt, jede, jeden Einzelnen. Und zwar bedingungslos. Etwas von dieser Liebe sollen wir weitergeben. Dabei dürfen wir immer hoffen, dass Gottes Gnade uns führt und voranbringt – und ebenso die Menschen, mit denen wir es schwer haben. Wer einem wenig liebenswerten Menschen in Liebe begegnet, schüttelt gewissermaßen die

Fesseln des Herzens ab: So wird etwas von der Liebe, vom Erbarmen Gottes in unserem Leben, in unserer Welt sichtbar!

In Menschen, die in all ihren Grenzen so leben, kommt etwas von der Güte und Liebe DES HEILIGEN zum Vorschein. Nichts anderes meint Heiligkeit.

„Seid barmherzig, wie es auch euer Vater ist! Richtet nicht, dann werdet auch ihr nicht gerichtet werden. Verurteilt nicht, dann werdet auch ihr nicht verurteilt werden. Erlasst einander die Schuld, dann wird auch euch die Schuld erlassen werden. Gebt, dann wird auch euch gegeben werden. In reichem, vollem, gehäuftem, überfließendem Maß wird man euch beschenken; denn nach dem Maß, mit dem ihr messt und zuteilt, wird auch euch zugeteilt werden“ (Lukas 6,36–38).

ANREGUNGEN

Es mag hilfreich sein, in einem guten Moment, wenn man die Kraft hat, in aller Einfachheit dem einen oder anderen Gedanken nachzugehen, zum Beispiel:

... überlegen, was mich im geistlichen Leben weiterbringen und stärken kann. Was könnte ich in diesem Sinne tun?

... mir neu klarmachen, dass der Glaube und die Hoffnung auf Gottes Verheißungen miteinander wachsen. Und die Liebe folgt ihnen als natürliche Konsequenz. Könnte ich nicht einmal bewusst dafür beten, mehr glauben, hoffen und lieben zu können?

... mir zu vergegenwärtigen, dass ich in den Augen Gottes, der die Liebe ist, liebenswürdig bin! Er liebt mich, so wie ich bin. Grenzenlos. Er will mir nahe sein, gerade dann, wenn es mir gar nicht gut geht.

In jeder Lage ist es möglich, mit Jesus zu sprechen, seinem Beispiel zu folgen und – vielleicht in ganz kleinen Gesten – zu lieben, mit Worten, Taten und Gebet.

Leicht ist der Weg auf Gott zu, hinein in das völlige Vertrauen auf ihn nicht. Am schwersten fällt manchmal der Anfang, am zweitschwersten das Durchhalten. Doch wir dürfen darauf vertrauen, dass uns mit dem Reifen im Glauben, in der Hoffnung und in der Liebe bereits jetzt ein Stück Himmel geschenkt ist. Wir sind nicht allein: Gott ist immer mit dabei. Wie viele Menschen haben auch in den Wogen von Schmerz und Leid die Erfahrung des Friedens gemacht, der von Gott kommt!

Den Tod beim Namen nennen

Meine Hospizarbeit bringt mich mit vielen Menschen in Kontakt, die an der Schwelle zum anderen Leben stehen. Viele denken, dass dieser Aspekt meiner Arbeit deprimierend und beängstigend sei. Sie sind dann überrascht, wenn ich ihnen erzähle, dass gerade meine Arbeit mir hilft, mir die Angst vor dem Tod, besonders vor dem eigenen, zu nehmen. Manch einer hat, wenn er ans Sterben denkt, hochdramatische Sterbeszenen aus Fernseh- oder Kinofilmen vor Augen. Doch der *natürliche* Tod, genauer Sterbeprozess vollzieht sich – wenn er nicht durch Maschinen oder andere künstliche Maßnahmen beeinflusst wird – in der Regel sehr sanft.

KÖRPERLICHE VERÄNDERUNGEN

Der Mensch ist „wunderbar gestaltet" und „staunenswert" (Psalm 139,14). Der Körper ist ein unglaublich komplexes System. Und er „kennt" die Prioritäten. Er „weiß", dass Gehirn, Herz und Lunge seine wichtigsten Organe sind. Wenn der Körper langsam abbaut, werden diese Bereiche zuerst unterstützt, während weniger wichtige Funktionen vernachlässigt werden.

Dieser Prozess beginnt normalerweise mit dem Schwinden von Muskelkraft, körperlicher Energie und einem verstärkten Bedürfnis nach Ruhe und Schlaf. Die Verdauung schaltet zurück, der Appetit nimmt ab; kleine Mengen Nahrung sind völlig ausreichend. Das Blut fließt in die vitaleren Bereiche des Körpers, Arme und Beine werden schlechter durchblutet. Das Kälteempfinden nimmt zu, die Gliedmaßen schwellen an. Finger und Zehen schimmern bläulich, an Knien und Füßen zeigen sich rötliche Flecken. All diese Anzeichen allmählicher körperlicher Veränderungen weisen nicht notwendig auf den unmittelbar bevorstehenden Tod hin. Sie können Wochen, ja Monate früher einsetzen.

Hinzu kommen Schwierigkeiten beim Schlucken. Fast scheint es, als wolle der Körper auf diese Weise verhindern, dass unnötige Mengen Nahrung und Flüssigkeit ihn bei ihrer Verarbeitung und Ausscheidung überlasten. In dieser Phase empfindet man kaum Hunger oder Durst: Weil flüssige und feste Nahrung eher beschweren als helfen, scheint der Körper diese Signale einzustellen.

Während die Körperfunktionen nachlassen, setzen unterstützende chemische Prozesse ein. Medizinisch erwiesen ist, dass der Körper, während er die Nahrungsaufnahme einstellt, mehr Endorphine (körpereigene Morphine) produziert, die dafür sorgen, dass der Schmerz nicht mehr so stark empfunden wird und sich das Bewusstsein beruhigt. In der letzten Phase des Sterbeprozesses wird die Atmung flach und die Atemfrequenz sinkt; der Mensch ist ruhig, teilweise wie schlafend.

PSYCHOLOGISCHE ASPEKTE UND SPIRITUELLE ERFAHRUNGEN

Zum Rückgang der Körperfunktionen kommen zunehmende Distanz und schwindendes Interesse an den Dingen des Lebens. Die Person, deren Sterbeprozess begonnen hat, scheint woandershin orientiert. Das äußert sich häufig in einem wie abwesend wirkenden, in die Ferne gehenden Blick.

Wenn ich meine Patienten frage, was sie sehen oder wohin sie schauen, können sie es nicht beschreiben; manch einer hat gesagt, es sei „wunderschön". Mir kommt es dann so vor, als sei die Person mit einem Teil ihres Selbst bereits in der anderen Welt.

Nicht selten geschieht es, dass mir Patienten Wochen vor ihrem Tod sagen, sie hätten verstorbene Angehörige gesehen oder mit ihnen gesprochen. Keinen dieser Patienten hat das mit Sorge oder Angst erfüllt. Diese Art „übersinnlicher" Erfahrung ist zuweilen mit Sinneswahrnehmungen verbunden – man „hört" reden oder „riecht" die Lieblingsspeise, die die Mutter früher gekocht hat.

Der Sohn einer Patientin erzählte mir, dass seine Mutter am Vortag vier Stunden mit dem (verstorbenen) Vater geredet habe; das habe etwas unheimlich, aber irgendwie auch rührend gewirkt – denn zu Lebzeiten des Vaters habe die Mutter nie so liebevoll mit ihm gesprochen.

Zuweilen reden die Patienten nur ungern über solche „Besuche“ von Verstorbenen, weil sie Angst haben, für verrückt gehalten zu werden.

Einmal betreute ich eine Frau mit Lungenemphysem im Endstadium. Sie konnte nur mit großer Mühe atmen, aber mithilfe von Medikamenten und gezielter Behandlung gelang es doch, die Atmung noch zu kontrollieren. Die Frau war körperlich sehr schwach. Eines Tages nahm mich die Tochter bei meinem Kommen beiseite und erzählte mir ganz besorgt, wie merkwürdig sich ihre Mutter verhalten würde: Sie wollte unbedingt am Esszimmertisch sitzen und ein bestimmtes Würfelspiel spielen, wie es vor Jahren in der Familie üblich gewesen war. In den Tagen davor sei sie sehr ängstlich gewesen und habe sich nichts zugetraut. Doch jetzt würde sie ganz unbekümmert spielen, wie sie es früher mit dem Vater getan hatte, und sich köstlich amüsieren. Und obwohl sie so schwach war, mache sie kleine Hüpfschritte, wenn sie zum Tisch oder ins Bad gehe: „Sie benimmt sich, als wäre der Vater anwesend“, schloss die Tochter.

Am Tag darauf erzählte sie mir, dass die Mutter ihr verstohlen gesagt habe, der Vater sei „den ganzen Tag“ da gewesen.

Zuweilen erzählen Patienten auch von „Besuchen“ Unbekannter, die einen großen Frieden ausstrahlen würden und sehr anziehend seien.

Eine sterbenskranke Frau erzählte ihrem Sohn von einem nächtlichen Besucher, der sie einlud mitzukommen. Sie habe aber geantwortet, dass sie noch nicht bereit sei, woraufhin der Besuch lächelnd erwidert habe, dass er später wiederkommen werde.
Der vielleicht ungewöhnlichste Bericht kam von einem überzeugten Atheisten. Zwei Tage vor seinem Tod setzte sich der Mann plötzlich in seinem Bett auf und rief: „Der ganze Raum ist voller Engel. Neben jedem von euch sehe ich einen stehen." Zu jedem, der in sein Zimmer kam, sagte er, er würde dessen Engel sehen. Trotz seiner großen körperlichen Schwäche verlangte der Mann Papier und Stift, um seine Erfahrung in allen Einzelheiten aufzuschreiben. Die Ruhelosigkeit und Angst, die ihn bis dahin umgetrieben hatten, verschwanden und kehrten nicht wieder.

Handelt es sich bei diesen Phänomenen wirklich um „himmlische Besucher" oder sind es Sinnestäuschungen? Ich weiß es nicht. Ich habe nie einen Engel gesehen. Aber ich habe die Auswirkungen solcher „Besuche" bei den Kranken gesehen: Ihre Angst ließ nach und sie strahlten einen tiefen Frieden aus. Persönlich finde ich es tröstlich, die Möglichkeit in Betracht zu ziehen, dass diese „Besuche" real sind. Es ist ein ermutigender Gedanke, dass Gott alle Register zieht, wenn der Tod nahe ist, und Angehörige oder andere Boten schickt, die den Sterbenden auf der letzten und schwierigsten Wegstrecke in die himmlische Heimat begleiten.

VERBREITETE ÄNGSTE

Im Angesicht des nahen Todes Angst zu empfinden, ist ganz normal. Diese Ängste beim Namen zu nennen, kann helfen, mit ihnen umzugehen und innerlich ruhiger zu werden.

Werde ich wochen- oder monatelang bettlägerig und auf Hilfe angewiesen sein?

Im natürlichen Sterbeprozess ist diese Phase in der Regel kurz. Die meisten meiner Patienten, die krebs- oder lungenkrank waren, waren etwa zwei Wochen bettlägerig, manche nur wenige Tage. Natürlich ist das abhängig vom jeweiligen Krankheitsverlauf.

Werde ich den Verstand verlieren?

Ich habe nur wenige Fälle erlebt, wo ein Patient den „Verstand verloren" hat, selbst bei einem Gehirntumor nicht. Es gibt vielleicht Zeiten der „Verwirrtheit", wenn der Kranke vergangene Ereignisse oder Lebensabschnitte wiedererlebt. Er fällt vielleicht auch in einen immer tieferen Schlaf, den ich aber nicht als „Bewusstlosigkeit" bezeichnen würde. In dieser Phase scheint er eher „hyperbewusst" zu sein. Er hört jedes Wort, das gesprochen wird, aber seine Aufmerksamkeit kehrt sich vom Hier und Jetzt mehr und mehr ab. Ein alter Herr sagte mir, zuweilen fühle es sich an, als müsse er sich durch nasses Seidenpapier kämpfen, um aufzuwachen und mit seiner Frau zu sprechen. Das sei nicht immer leicht, aber zu schaffen.

Ich habe unzählige Male erlebt, wie teilnahmslose Patienten plötzlich wieder klar bei Bewusstsein waren und kurz vor ihrem Tod wichtige Dinge sagten.

Werde ich große Schmerzen ertragen müssen? Werde ich womöglich ersticken?

Zweifellos gehören diese Ängste zu den häufigsten. Man fürchtet sich davor, dass die Schmerzen unerträglich werden, wenn man dem Tod nahe ist. Ich mache in der Regel die Beobachtung, dass die Krankheit eine Art Schmerzmuster entwickelt. Manche Patienten leiden im Verlauf ihrer Erkrankung keine oder kaum Schmerzen, und das ändert sich auch in der Sterbephase wenig. Und bei denen, die extreme Schmerzen ertragen müssen, kann ein sachkundiger Arzt recht schnell Abhilfe schaffen, wobei die Dosis im fortgeschrittenen Stadium erhöht werden muss. Wenn dann der Körper langsam seine Funktionen einzustellen beginnt, wirken die Schmerzmittel meist länger, sodass die Dosis wieder verringert werden kann.

Hat der Kranke zunehmend Mühe, die Medikamente zu schlucken, können sie über die Haut oder einen Port zugeführt werden. Verschluckt er sich leicht, muss die

Nahrung entsprechend dünnflüssig sein. Ist der Schluckreflex nahezu erloschen, können Medikamente eine Hilfe sein, die den Schleim lösen oder austrocknen; bei Bedarf kann auch ein Gerät zum Absaugen eingesetzt werden.

Bei langer Bettlägerigkeit wird der Patient zunehmend steif und unfähig, sich selbst zu drehen. Er muss regelmäßig gelagert werden, um belastete Körperpartien zu entlasten und der Gefahr des Wundliegens entgegenzuwirken.

Atemnot ist das Symptom, das beim Kranken die größte Angst verursacht. Abhilfe schaffen können kleine Dosen Morphine, Beruhigungsmittel und ein Inhalator. Wie beim Schmerz, ist auch die Schwere der Atemnot bei jedem Kranken verschieden. Ich habe viele Lungenkrebspatienten betreut, die im Verlauf ihrer Krankheit nie Sauerstoff brauchten. Und Gott sei Dank atmen selbst diejenigen, die extrem um Luft gerungen haben, am Ende meist sehr ruhig.

Die beste Gewähr für Lebensqualität in den letzten Tagen des Kranken ist eine gute Begleitung in einer Hospizeinrichtung oder durch einen ambulanten Hospizdienst. Die geschulten haupt- und ehrenamtlichen Betreuer und Betreuerinnen verfügen über einen reichen Schatz an Wissen, Erfahrung und Engagement, um sich den körperlichen Belangen ebenso wie den emotionalen, sozialen und geistlichen Nöten des Kranken zu widmen.

Sie betreuen zudem die Angehörigen des Sterbenden. Manche ambulante Hospiz- oder Pflegedienste bieten 24-Stunden-Bereitschaft an.

Auf jeden Fall ist es wichtig, ganz offen mit dem Hausarzt bzw. dem behandelnden Arzt über diese Ängste und eine mögliche Palliativversorgung zu sprechen. Keiner ist dazu „verdammt", Schmerzen oder andere krankheitsbedingte Symptome einfach ertragen zu müssen. Es gibt genügend Hilfsmittel, die Abhilfe schaffen können.

Die Ziellinie

Viele Kranke, die ich betreue, wollen von mir wissen, wie viel Zeit ihnen bleibt. Ich bitte sie dann, dass *sie* mir sagen, was sie meinen. Denn ich glaube, jeder Mensch hat tief im Innern ein Wissen um seinen bevorstehenden Tod und wird nicht davon überrascht. Darüber hinaus glaube ich, dass jeder Mensch auch einen gewissen Einfluss auf diese letzte Phase hat.

Eine Patientin, die im Januar vom Arzt gehörte hatte, dass sie wohl noch etwa drei Monate Lebenszeit zu erwarten habe, sagte zu mir: „Ich möchte aber beim Geburtstag meines Enkels im Mai dabei sein." – „Dann sollten Sie das auch", antwortete ich. Die Frau starb im August.

Es gibt Menschen, die leben Monate oder Jahre länger als die Ärzte ihnen in Aussicht gestellt haben. Von daher gebe ich nicht sehr viel auf solche Prognosen. Damit will ich die Ärzte nicht kritisieren – sie äußern einfach eine vom Medizinischen her mehr oder weniger wahrscheinliche Vermutung. Doch auch wenn der Wunsch nach einer groben Schätzung der verbleibenden Lebenszeit ganz normal ist, zumal wenn die Untersuchungsergebnisse zeigen, dass die Krankheit weit fortgeschritten ist, hängt die Dauer der Lebenszeit auch von der Einstellung und dem Willen des Betroffenen selbst ab.

Viele Sterbenskranke setzen sich ein Ziel: noch einmal Weihnachten, die Geburt des Enkels, ein Familientreffen. Aber es gibt auch den „Schlussstrich", nach dem nichts mehr geht. Damit will ich sagen: In all den Leiden und Verlusten, die mit dem Sterbeprozess zusammenhängen, kommt irgendwann der tiefste Punkt, an dem für den Sterbenden selbst „Schluss" ist. Wenn dieser Moment erreicht ist, ist für ihn das Leben gleichsam erfüllt, vollendet, und er kann gehen. Das ist der Schlussstrich.

Ich glaube fest, dass Gott ein „Kavalier" ist. In seiner Geduld und Liebe lässt er dem Sterbenskranken gewiss alle Zeit, die er braucht, um Abschied zu nehmen. Wenn er dann bereit ist, „nach Hause zu gehen", *wirklich bereit*, akzeptiert Gott diesen Wunsch.

Stella liebte das Leben und wollte alles aus ihm herausholen. Als wir uns zum ersten Mal begegneten, zog sie vor mir ihren „Schlussstrich" in den Sand und sagte: „Keiner wird diese Linie auswischen!" In der Folgezeit betonte sie immer wieder, wie überflüssig ihr Mann als

Pfleger sei: „Ich kann selbst für mich sorgen, vielen Dank!"

Jedes Mal, wenn ich kam, begrüßte Stella mich an der Haustür – nur am letzten Tag nicht. Ihr Ehemann öffnete mir und sagte verzweifelt, dass er seine Frau nicht wach bekomme. Stella lag auf der Couch im Wohnzimmer. Sie war dem Tod sehr nahe. Ihr Kleid war nass, und so suchte ich die Sachen zusammen, um sie zu waschen. Als ich sie vorsichtig umdrehte, flüsterte ich ihr ins Ohr, dass ich sie nur ein bisschen frisch machen würde. Fast meinte ich ihre Gedanken zu lesen: „Wetten, nicht?" Und bevor ich irgendetwas tun konnte, war sie für immer eingeschlafen. Stella hat ihren Schlussstrich gewissermaßen selbst gezogen.

Wie auch immer – ich glaube, Gott verlangt nichts von uns, was über unsere Kräfte geht (auch wenn wir oft anderer Ansicht sind). Eines meiner Lieblingsgebete lautet: „Herr, ich weiß, dass du mir nie mehr zumutest, als ich tragen kann. Aber mir wäre lieber, wenn du nicht eine so hohe Meinung von mir hättest!"

Jeder verliert in harten Zeiten mal den Mut und wünscht sich dann sogar – meist freilich halbherzig –, dass alles bald vorbei sein möge. Zweifellos ist es ein schwieriges Unterfangen, sein Leben zu vollenden. Und doch hat jede und jeder seine „Lebensreise" *ganz*, bis ans Ziel zu machen. Einmal beklagte sich eine Patientin bei mir, warum sie immer noch lebe; sie sei bereit zu gehen, aber Gott würde sie nicht zu sich holen. Ich fragte sie, ob wir gemeinsam darum bitten sollten. „Behalten Sie Ihre Gebete für sich“, antwortete sie schnell. Meine Erfahrung hat mich gelehrt, dass man von ganzem Herzen einen letzten Akt der Hingabe vollziehen muss, einen „Sprung des Glaubens“ in die Arme Gottes.

ABSCHIED

Ich habe so viele Patienten auf ihrer letzten Wegstrecke begleitet, dass ich zu dem Schluss gekommen bin: Der natürliche Tod ist wunderbar gefügt und von einer besonderen Gnade umgeben. Wenn der Sterbende einen bestimmten Angehörigen noch sehen möchte, wird er sehr, sehr oft auf ihn warten können. Und wenn er allein sterben will, wird er auch diesen Moment finden.

Immer wieder war ich Zeuge von Familienzusammenkünften, bei denen sich Angehörige und Freunde darauf vorbereiten, sich vom Sterbenden zu verabschieden. Dies ist wirklich ein besonderer Moment, wenn man bedenkt, wie schwierig es in einer Familie schon sein kann, nur zu entscheiden, was man am Wochenende unternehmen will. Die Fähigkeit, sich gemeinsam von einem Menschen zu verabschieden, den man liebt, und ihn gehen zu lassen, erscheint wie ein Wunder. Aber gerade da zeigt sich: Die Liebe ist stärker als der Tod!

Ich glaube auch, dass sich auf geistiger Ebene viel ereignet, wenn der Tod unmittelbar bevorsteht, selbst wenn das Bewusstsein des Sterbenden schwindet. Ich habe Patienten erlebt, die so krank waren, dass sie nicht mehr sprechen oder die Augen öffnen konnten, aber ihre Lippen bewegten sich, als würden sie gewichtige Dinge bedenken. Fast immer legte sich unmittelbar vor dem Tod ein tiefer Friede auf sie.

Mancher Sterbende spürt, wenn ein Angehöriger noch nicht so weit ist, seinen Tod zu akzeptieren. Das ist eine Sache des Herzens. Und der Sterbende spürt das auch trotz gegenteiliger Beteuerungen der Angehörigen. Wenn dann mit der Gnade Gottes deren Herz bereit und stark ist, erscheint dieser „Akt des Loslassens“ wie eine „Erlaubnis“, wie ein „Freisetzen“ der Seele des Sterbenden.

Wir wissen, dass jeder Mensch einmal sterben muss, aber das macht es nicht leichter, diese Tatsache zu verstehen. Vielleicht fragen wir uns, warum unser Leben enden muss. Oder warum Gott den Tod eines Kindes zulässt. Ich habe darauf keine Antwort, aber in meiner Arbeit als Hospizschwester habe ich einen möglichen Hinweis gefunden.

Ein achtjähriger Junge war unheilbar nierenkrank. Die Eltern waren am Boden zerstört. Und doch hörten sie nicht auf, gegen alle Hoffnung zu hoffen, dass der Junge wieder ganz gesund würde, auch als sich immer deutlicher abzeichnete, dass er sterben würde. Der Junge selbst – wie es häufig der Fall ist – war nicht halb so außer sich wie seine Eltern. Während sein Körper immer schwächer wurde, wuchs schlagartig die Kraft seines Geistes. Er bat darum, das Sakrament der Firmung empfangen zu dürfen, was ihm gewährt wurde.

Nach einer besonders schweren Nacht schliefen die Eltern am Bett des Sohnes, während die Tante im Nebenraum ruhte. Sie wurde durch den Hund des Jungen geweckt, der vor dem Krankenzimmer wild im Kreis herumlief. Später erzählte sie, sie habe ein starkes Licht wahrgenommen und den Eindruck gehabt, dass „jemand“ sie daran hindere, das Zimmer des Jungen zu betreten. „Er ist tot“, sei ihr durch den Kopf geschossen. Aber dieses Licht habe sie vom Gegenteil überzeugt. Und zugleich habe sie verstanden, dass der Junge bald sterben würde; seine Sendung sei erfüllt: „Ich stürzte in den Raum. Mein Neffe saß im Bett und strahlte über das ganze Gesicht. Seine Eltern schliefen, und so flüsterte er mir ganz aufgeregt zu, Jesus habe nach ihm geschaut. Die Unruhe und Erregung, die ihn immer wieder gepackt hatten, waren ein für alle Mal verschwunden. Am Tag darauf starb er, aber bis es so weit war, wirkte er wie eingetaucht in Frieden.“ Dieser „Besuch“, so die Tante, sei ein besonderer Segen für die verzweifelten Eltern gewesen, die schwer am Verlust des Sohnes trugen. Später dachte die Tante über die Worte nach: „Er hat seine Sendung erfüllt.“ Ist nicht das der Sinn jedes Lebens? Letztlich ist jede und jeder von uns aufgerufen, die je eigene Aufgabe zu erfüllen, das heißt, der Mensch zu werden, als der wir erschaffen wurden. Unser Leben zu leben bis zuletzt – und für immer …

WOHIN GEHEN WIR?

Wer ernsthaft erkrankt ist, wird sich irgendwann auch fragen, was wohl nach dem Tod kommt. Ich kenne katholische Christen, die sich auch Gedanken machen über das sogenannte „Fegefeuer". Im *Katechismus der Katholischen Kirche* heißt es dazu: „Wer in der Gnade und der Freundschaft Gottes stirbt, aber noch nicht vollkommen geläutert ist, ist zwar seines ewigen Heiles sicher, macht aber nach dem Tod eine Läuterung durch, um die Heiligkeit zu erlangen, die notwendig ist, in die Freude des Himmels eingehen zu können. Die Kirche nennt diese abschließende Läuterung der Auserwählten [...] *Purgatorium* [Fegefeuer]" (Nr. 1030f).

Johannes vom Kreuz schreibt: „Am Abend unseres Lebens werden wir nach unserer Liebe gerichtet werden" (Dichos de luz y amor [Merksätze von Licht und Liebe] 64). Mir gefällt der Gedanke, das *Purgatorium* als eine *Schule der Liebe* zu verstehen. Jesus hat durch sein Leiden und Sterben für alle Menschen den Weg des Heils eröffnet. Im Leben geht es darum zu lernen, Gott mit unserem ganzen Sein zu lieben, die Person zu werden, die Gott im Sinn hatte, als er uns schuf. Was bei unserem Tod an der Vollendung dieser Liebe aussteht, um Gottes Angesicht zu sehen (vgl. Offenbarung 22,4), „lernen" wir im *Purgatorium*. Gott selbst ist es, der uns in seiner Güte und Liebe für diese Begegnung mit ihm „bereitet". Das kann auch in einem Augenblick geschehen. Was Schmerz („Fegefeuer") bereiten mag, ist die Sehnsucht nach Gott, die darauf wartet, von Gott gestillt zu werden.

Wenn diese Sehnsucht erfüllt ist, dann – so hoffen wir – sind wir „daheim", in unserem himmlischen Zuhause angekommen.

„Dieses Mysterium der seligen Gemeinschaft mit Gott und all denen, die in Christus sind, geht über jedes Verständnis und jede Vorstellung hinaus. Die Heilige Schrift spricht zu uns davon in Bildern wie Leben, Licht, Frieden, festliches Hochzeitsmahl, Wein des Reiches, Haus des Vaters, himmlisches Jerusalem und Paradies: ‚was kein Auge gesehen und kein Ohr gehört hat, was keinem Menschen in den Sinn gekommen ist; das Große, das Gott denen bereitet hat, die ihn lieben' (1 Korinther 2,9)" (KKK, Nr. 1027).

Wir werden unsere Freude an Gott haben und an der Gemeinschaft mit all denen, die bereits vollendet sind. Wir werden leben für immer.

PS: Auf der letzten Etappe des Lebens ist es gut, stets daran zu denken, dass man nicht allein ist. Das Gebet vieler hier auf der Erde wie auch das der Gemeinschaft der Heiligen im Himmel hat große Kraft. Auch ich reihe mich in diese Gebetsgemeinschaft ein für all die, die diese letzte Wegetappe vor sich haben.

Anhang

A. VORSORGE: VOLLMACHT, BETREUUNGSVERFÜGUNG, PATIENTENVERFÜGUNG

I. Was heißt Vorsorge?

Wer nicht mehr in der Lage ist, seinen Willen verständlich zu machen und Entscheidungen zu treffen, muss nach deutschem Recht vertreten werden, entweder durch einen im Voraus bestimmten **Bevollmächtigten** oder durch einen gerichtlich bestellten **Betreuer.**

In einer allgemeinen **Vollmacht** können, entsprechend dem Willen des Vollmachtgebers, die verschiedenen Lebensbereiche eingeschlossen werden, z. B. Aufenthalt und Wohnungsangelegenheiten, Vertretung bei Behörden und vor Gericht, Post und Fernmeldeverkehr. Bei Vermögensangelegenheiten sollten Bankvollmachten nach den Vorgaben der zuständigen Bank erstellt werden, gegebenenfalls auch „über den Tod hinaus". Wenn Immobilien betroffen sind, ist notarielle Beurkundung notwendig.

Die Vollmacht für die Vertretung in gesundheitlichen Fragen und bei Pflegebedürftigkeit wird als

Vorsorgevollmacht bezeichnet. Sie kann im Rahmen einer allgemeinen Vollmacht oder für sich allein erteilt werden.

Wer eine Vollmacht erstellt, muss volljährig und geschäftsfähig sein. Sie kann formlos erstellt werden, muss schriftlich abgefasst und mit Datum und Unterschrift versehen sein. Eine Vollmacht soll keine Einschränkungen wie „Gilt, wenn ich …" enthalten, sondern sofort gültig sein, da sonst bei auftretender Notwendigkeit Unklarheit und Prüfungsbedarf entstehen kann. Der **Bevollmächtigte** kann nur tätig werden, wenn er das Original der Vollmacht vorlegt.
Wenn bei Eintritt der Entscheidungsunfähigkeit kein Bevollmächtigter bestimmt ist, wird vom Amtsgericht ein **Betreuer** bestellt. Wenn man keinen Bevollmächtigten einsetzen will, aber für den Fall der Entscheidungsunfähigkeit eine bestimmte Person, z. B. aus der Familie, als *Betreuer* wünscht, kann man diese Person dem Amtsgericht durch eine **Betreuungsverfügung** vorschlagen.

Weitere Informationen, Formulare und Vorlagen siehe unter 3.

2. Welche Wünsche sollen geltend gemacht werden?

Durch eine **Patientenverfügung** kann vorausbestimmt werden, welche diagnostischen und therapeutischen Maßnahmen akzeptiert oder abgelehnt werden sollen, wenn der Wille nicht mehr geäußert werden kann.

Voraussetzung für die Erstellung einer Patientenverfügung ist Volljährigkeit und Einsichtsfähigkeit; sie kann auch von einer Person erstellt werden, die nicht mehr geschäftsfähig ist, aber die Bedeutung der Vorausverfügung verstehen und in diesem Bereich den Willen äußern kann.

Der Bevollmächtigte oder Betreuer ist gesetzlich verpflichtet, dem Willen des Betroffenen „Geltung zu verschaffen“. Daher ist die Frage, wer dies tun soll, vorrangig. Die Patientenverfügung sollte stets mit einer Vollmacht / Vorsorgevollmacht oder zumindest mit einer Betreuungsverfügung verbunden sein.
Weitere Informationen, Formulare und Vorlagen siehe unter 3.

3. Informationsquellen, Formulare und Vorlagen

Im Internet finden sich zahlreiche Seiten, in denen weitere Informationen sowie Formulare oder Vorlagen für die genannten Unterlagen angeboten werden. Darin sind auch die Besonderheiten der Rechtslage in Österreich und der Schweiz abrufbar.

Ausführliche Informationen sowie Formularvorlagen bietet die Broschüre „**Vorsorge für Unfall, Krankheit und Alter** durch Vollmacht, Betreuungsverfügung, Patientenverfügung", die vom Arbeitskreis „Vorsorge" im Rahmen der Christophorus-Akademie für Palliativmedizin, Palliativpflege und Hospizarbeit im Interdisziplinären Zentrum für Palliativmedizin, Klinikum der Universität München-Großhadern, verfasst wurde und vom Bayerischen Staatsministerium der Justiz herausgegeben wird (50 Seiten, 15. Auflage, Januar 2014).
Kostenloser Download:
http://www.bestellen.bayern.de/

Eine Patientenverfügung bieten auch die Kirchen in Deutschland an: **„Christliche Patientenvorsorge durch Vorsorgevollmacht, Betreuungsverfügung, Behandlungswünsche und Patienten-**

verfügung“ (Handreichung und Formular der Deutschen Bischofskonferenz und des Rates der Evangelischen Kirche in Deutschland in Verbindung mit weiteren Mitglieds- und Gastkirchen der Arbeitsgemeinschaft Christlicher Kirchen in Deutschland, 46 Seiten, überarbeitete Auflage, 2010).

Kostenloser Download:
www.ekd.de/download/patientenvorsorge.pdf
oder
http://www.dbk-shop.de/de/Deutsche-Bischofskonferenz/Gemeinsame-Texte/Christliche-Patientenvorsorge.html

Österreich:
Rechtslage: In Österreich wurde im Mai 2006 ein Patientenverfügungs-Gesetz (PatVG) erlassen, das am 1. Juni 2006 in Kraft trat. Die Definition der Patientenverfügung findet sich im Absatz 1 des § 2 dieses Gesetzes und im nachfolgenden Absatz 2 wird diese näher bestimmt (Quelle: Wikipedia).
Auf der *Internetseite* Hospiz **Österreich**, Dachverband von Palliativ- und Hospizeinrichtungen www.hospiz.at finden sich Informationen zur Patientenverfügung sowie eine Anleitung und ein Formular. Siehe auch: www.patientenverfuegung.or.at.

Schweiz:
Rechtslage: In der Schweiz ist die rechtliche Verbindlichkeit der Patientenverfügung im neuen Erwachsenenschutzrecht in den Artikeln ab 370 des Zivilgesetzbuches (ZGB) auf Bundesebene geregelt. Es trat am 1. Januar 2013 in Kraft. Im Artikel 370 Absatz 2 ZGB ist auch die Möglichkeit für das Übertragen einer Vollmacht für medizinische Entscheidungen auf eine andere Person ausdrücklich normiert. Dieser Person können auch Vorgaben für die Entscheidungen gemacht werden (Artikel 370 Absatz 2 Satz 2 neues ZGB). (Quelle: Wikipedia)

Auf der *ökumenischen Internetseite* der **Vereinigung der deutschschweizerischen evangelischen Spitalseelsorgerinnen und Spitalseelsorger** und der **Vereinigung katholischer Spital- und Kranken- Seelsorgerinnen und Seelsorger der deutschsprachigen Schweiz** [www.spitalseelsorge.ch] finden sich über den Pfad: „Praxishilfen/Ethik/Patientenverfügung" zahlreiche Links zu Informationen und Formularen für Patientenverfügungen nicht nur in der Schweiz, sondern auch in Österreich und Deutschland.

Im Rahmen der Schweizer „Nationalen Strategie *Palliative Care*" haben die Vereinigungen der Seelsorger/innen der katholischen und der reformierten

Kirche eine „**ökumenische Fachgruppe *Palliative Care***" ins Leben gerufen (palliativecare@spitalseelsorge.ch), die sich kontinuierlich mit dieser Thematik befasst.

B. AMBULANTE UND STATIONÄRE HOSPIZ- UND PALLIATIVBETREUUNG

Im internationalen Sprachgebrauch wird für die Betreuung Schwerkranker und Sterbender, deren Familien und Angehörigen und für die Trauerbegleitung der Begriff ***Palliative Care*** verwendet. Dieser umfasst alle Aspekte im Leben der Betroffenen, körperlich, psychisch, sozial und spirituell. In Deutschland hat sich eine teilweise Trennung entwickelt. **Hospizarbeit** ist auf die psychosoziale und spirituelle Betreuung mit *ehrenamtlichen* Begleiterinnen und Begleitern ausgerichtet, während **Palliativmedizin und Palliativpflege** sich an fachspezifischer, hauptamtlicher Tätigkeit orientiert (medizinische Versorgung durch Ärzte und Pflegepersonal).

Die beiden Aspekte, die in *Palliative Care* zusammen gesehen werden, sind durch zwei Institutionen vertreten, dem Deutschen Hospiz- und PalliativVerband (www.dhpv.de) und der Deutschen Gesellschaft für Palliativmedizin (www.dgpalliativmedizin.de). Die Ziele beider Institutionen überlappen sich, die Zusammenarbeit wächst. Es besteht aber auch die Gefahr, dass die Hospizidee mit dem Schwerpunkt ehrenamtliche Begleitung durch Ökonomisierung und palliative Professionalisierung in den Hintergrund gedrängt wird.

Folgende Einrichtungen bestehen in Deutschland:

(1) **Ambulante Hospizdienste**
Nach Angaben des Deutschen Hospiz- und PalliativVerbandes gibt es in Deutschland etwa 1500 ambulante Hospizdienste. Sie bieten psychosoziale Begleitung durch ehrenamtliche Hospizbegleiterinnen und Hospizbegleiter an, und, entsprechend der jeweiligen Ausstattung, zusätzlich palliativpflegerische Beratung oder palliativpflegerische Betreuung. Für erkrankte Kinder und deren Familien stehen zum Teil speziell ausgerichtete Kinder-Hospizdienste zur Verfügung.

(2) **Spezialisierte ambulante Palliativversorgung (SAPV)**
Durch Gesetz wurde 2007 für Schwerkranke und Sterbende, die zu Hause sterben wollen, in Deutschland ein gesetzlicher Anspruch auf eine spezialisierte medizinische und pflegerische Betreuung festgelegt. Diese wird durch spezialisierte Teams von Ärzten, Pflegenden und weiteren Kräften erbracht. Die organisatorischen und personellen Anforde-

rungen an SAPV-Teams sind allerdings so hoch, dass trotz gesetzlichen Anspruchs besonders in ländlichen Gebieten das Angebot noch nicht flächendekkend verwirklicht ist. Wo solche Teams bestehen, bieten sie einen 24-Stunden-Dienst in definierten, schweren Fällen mit ärztlicher und pflegerischer Versorgung an.

(3) **Palliativstationen**

Palliativstationen sind klinische Abteilungen für die Behandlung von schwerwiegenden, ambulant nicht beherrschbaren Komplikationen in weit fortgeschrittenen Erkrankungsstadien. Ziel der Behandlung ist es, die Patienten zu stabilisieren und ihnen die Rückkehr in die häusliche Umgebung oder in das Pflegeheim zu ermöglichen.

(4) **Stationäre Hospize**

Für Kranke mit nur noch kurzer Lebenserwartung, die zu Hause nicht gepflegt werden können, kann die Aufnahme in ein stationäres Hospiz angestrebt werden. Diesen ist durch personelle und organisatorische Ressourcen die Möglichkeit einer besonders hilfreichen Betreuung gegeben.

Stationäre Kinderhospize legen ihr Schwergewicht auf die Betreuung von Familien, in denen ein schwer erkranktes Kind lebt, um Eltern und Geschwistern eine Zeit der Erholung vom belasteten Alltag zu gewähren.

(5) **Pflegeheime**
In immer mehr Pflegeheimen werden Idee und Praxis hospizlicher und palliativer Betreuung in das Leitbild integriert. Dazu gehört, dass die Heime das Sterben im Hause erlauben und einfühlsam begleiten und dass sie stationäre Einweisungen in terminalen Situationen vermeiden.

(6) **Informationsquellen**

– **Deutscher** Hospiz- und PalliativVerband e.V. www.dhpv.de:
Unter „Service/Hospizadressen“ findet sich ein „Wegweiser“ mit Adress-Suchmaschine.
– Viele Einrichtungen des Caritas [www.caritas.de] und des Diakonischen Werkes der Evangelischen Kirche [www.diakonie.de] in **Deutschland** bieten Hospiz- und Palliativdienste an.

– **Österreichische** Palliativ-Gesellschaft www.palliativ.at:
Unter „Services/Kontakte & Adressen“ finden sich Anschriften von Palliativstationen.

– Hospiz **Österreich**, Dachverband von Palliativ- und Hospizeinrichtungen www.hospiz.at bietet Informationen über Hospiz- und *Palliative-Care*-Einrichtungen und Organisationen in Österreich. Auf derselben Internetseite finden sich auch Anleitung und Formular einer *Patientenverfügung* (siehe auch: www.patientenverfuegung.or.at).

– **Schweiz**: Auf der Internetseite Arbeitsgemeinschaft Elisabeth Kübler-Ross www.hospiz.org findet sich unter „Schweiz" ein Verzeichnis von stationären Hospizen sowie von Institutionen für palliative Medizin.
Die Schweizerische Gesellschaft für Palliative Medizin, Pflege und Begleitung (SGPMP) www.palliative.ch weiß sich den Grundsätzen der *Palliative Care* im Sinne von Cicely Saunders und Elisabeth Kübler-Ross verpflichtet. Dort finden sich ausführliche Informationen u. a. zur Gesetzgebung, Finanzierung und Patientenverfügung. Unter „Angebote/Wo finde ich *Palliative Care*" kann man kantonspezifisch nach Einrichtungen suchen [http://www.palliative.ch/de/angebote/wo-finde-ich-palliative-care/].

C. UNTERSTÜTZUNG DURCH AUSLÄNDISCHES BETREUUNGSPERSONAL

In Deutschland ansässige Agenturen vermitteln gegen Gebühr Betreuungspersonal, das beim Partnerunternehmen im Ausland (EU-Beitrittsland) ordnungsgemäß angestellt und beschäftigt ist und im Rahmen eines Dienstleitungsvertrags nach Deutschland entsendet wird (im Rahmen der seit dem 1. Mai 2004 geltenden Bestimmungen der Dienstleistungsfreiheit). Der Vorteil ist, dass man selbst nicht als Arbeitgeber fungieren muss und somit von all den bürokratischen Verpflichtungen befreit ist. Durch das Dienstleistungsverhältnis ist man lediglich Auftraggeber; alles andere erledigt die Vermittlungsagentur.

Die ausländischen Hilfen unterstützen vor allem die Arbeit im Haushalt und die persönliche Betreuung der (schwer-)kranken Person. Da die vermittelten Personen zwar in der Regel mehrjährige Pflegeerfahrung haben, aber selten die entsprechende berufliche Qualifikation besitzen, ersetzen sie keineswegs den Einsatz des heimischen ambulanten Pflegedienstes; dieser sollte auf jeden Fall beibehalten werden.

Wichtig ist, bevor man sich für eine Agentur entscheidet, sich gut über die geltenden Rechtsgrundlagen zu informieren und mehrere Anbieter zu vergleichen; *Kriterien*: Transparenz der Vermittlungstätigkeit (Information zum Unternehmen und zu Partnern sowie zum Ablauf und zur Organisation der Vermittlung), Rechtsaufklärung und Umsetzung, Kostentransparenz, Vertrag und Inhalt, Kundenservice (Beratung). Hilfreich ist, im Bekanntenkreis Erkundigungen einzuholen über bereits gemachte Erfahrungen.
In manchen Regionen bietet z. B. auch die Caritas diese Form der Vermittlung von Haushaltshilfen an.

Ausführliche Informationen bietet ein Faltblatt der *Verbraucherzentralen*. Auch auf den Internetseiten der Verbraucherzentralen der einzelnen deutschen Bundesländer findet man diese Informationen [Pfad: *Themen/Gesundheit und Pflege/Hilfe rund um die Uhr – (I)egal durch wen?]*.
Kostenloser Download der tabellarischen Übersicht **„Bedingungen und Voraussetzungen zur legalen Beschäftigung osteuropäischer Haushaltshilfen oder Pflegekräfte“** (9 Seiten, Januar 2014) ebendort.
Portal der deutschen Verbraucherzentralen:
www.verbraucherzentrale.de/home

In Österreich und der Schweiz (kein EU-Land!) gelten die jeweiligen Rechtsgrundlagen. Es gibt vergleichbare oder ähnliche Anbieter.

D. DAS SAKRAMENT DER KRANKENSALBUNG IN DER KATHOLISCHEN KIRCHE

Das Sakrament der Krankensalbung kann helfen, die Krankheit richtig zu verstehen, sie anzunehmen und mit ihr zu leben. Die Krankensalbung ist alles andere als ein Ritus, in dem der Mensch um sich selber trauert oder gleichsam im Vorhinein sein Begräbnis feiert, wie es der alte Begriff „Letzte Ölung" fälschlich nahelegen könnte. Dieses Sakrament ist vielmehr eine Hilfe, die den Kranken angeboten wird, damit sie glauben, lieben und hoffen, kurz gesagt: *damit sie leben*. Man kann es auch als „Öl der Heilung" oder „heilende Salbung" verstehen.

Einen Hinweis auf die Salbung von Kranken finden wir schon im Markusevangelium: Die Jünger „salbten viele Kranke mit Öl und heilten sie" (Markus 6,13). Im Jakobusbrief heißt es: „Ist einer von euch krank? Dann rufe er die Ältesten der Gemeinde zu sich; sie sollen Gebete über ihn sprechen und ihn im Namen des Herrn mit Öl salben. Das gläubige Gebet wird den Kranken retten, und der Herr wird ihn aufrichten; wenn er Sünden begangen hat, werden sie ihm vergeben" (Jakobus 5,14f).

– Wann sollte man das Sakrament der Krankensalbung empfangen?

Wenn man sich in reeller Lebensgefahr befindet, in der Situation einer schweren Krankheit, wenn der Gesundheitszustand durch Krankheit oder Alter so angegriffen ist, dass man neue Kräfte braucht, um diese schwierige Situation zu bestehen.

Das Sakrament kann auch empfangen werden, wenn man aufgrund einer gefahrbringenden Erkrankung einen chirurgischen Eingriff vor sich hat.

Man sollte die Krankensalbung nicht zu lange hinausschieben, sondern sie erbitten, solange man noch bei Kräften und vollem Bewusstsein ist. Sie kann ja mehrfach gespendet werden: immer dann, wenn nach einer vorübergehenden Besserung dieser sakramentale Beistand wieder angeraten scheint.

In vielen Gemeinden wird regelmäßig (z. B. jährlich) ein Krankensalbungsgottesdienst oder eine Eucharistiefeier mit der Möglichkeit zum Empfang der Krankensalbung angeboten, wozu insbesondere die Menschen eingeladen sind, die von körperlichen Gebrechen oder Krankheit, aber auch von seelischem Leid oder innerer Not betroffen sind.

– Die Feier der Krankensalbung

Die Liturgie beginnt mit einer Zeit der inneren Sammlung und der Bitte um Vergebung, woran sich die Verkündigung des Wortes Gottes anschließt. Dann wird das Sakrament der Krankensalbung gespendet. Es enthält zwei wesentliche Riten: die Handauflegung und die Salbung mit Öl.

Nach der Lesung eines Bibeltextes, die mit einer Litanei abschließt, legt der Priester dem, der die Krankensalbung empfängt, die Hände auf. Dann sagt er Dank für das Krankenöl und betet: „Herr, schenke deinem Diener, der mit diesem heiligen Öl in der Kraft des Glaubens gesalbt wird, Linderung seiner Schmerzen und stärke ihn in seiner Schwäche."
Anschließend salbt er den Kranken auf der Stirn und auf den Händen in der Form eines Kreuzzeichens und nennt ihn bei seinem Taufnamen: „Durch diese heilige Salbung helfe dir der Herr in seinem reichen Erbarmen, er stehe dir bei mit der Kraft des Heiligen Geistes." Der Kranke antwortet „Amen" – in einem Akt des Glaubens, in dem er sein Leben in Gottes Hand legt. Der Priester fährt fort: „Der Herr, der dich von Sünden befreit, rette dich, in seiner Gnade richte er dich auf."

Die Feier der Krankensalbung schließt mit dem Segen des Priesters: „Es segne dich Gott, der Vater. Es heile dich Gott, der Sohn. Es erleuchte dich Gott, der Heilige Geist. Er behüte deinen Leib und rette deine Seele. Er erfülle dein Herz mit seinem Licht und führe dich zum himmlischen Leben."

E. KRANKENABENDMAHL UND KRANKENSEGNUNG IN DER EVANGELISCHEN KIRCHE

Gottes Wort und Gebet, das Ergreifen der Hände und der unter Handauflegung gesprochene Segen, Beichte und Abendmahl sind die Hilfen, mit denen die christliche Gemeinde ihren Kranken und Sterbenden dient.

Als *Krankenabendmahl* bezeichnet man die Feier des hl.Abendmahls mit Gläubigen, die wegen Krankheit oder altersbedingten Beschwerden eine Zeit oder länger überhaupt nicht mehr an einem Gemeindegottesdienst teilnehmen können.

Im Evangelischen Erwachsenenkatechismus heißt es dazu: „Schwache und kranke Menschen, die nicht zum Gottesdienst der Gemeinde kommen können, erfahren durch die Abendmahlsfeier zu Hause die Gemeinschaft mit Christus und die Zugehörigkeit zu seiner Gemeinde. Deshalb sollten Kranke das Abendmahl nicht erst ‚in der letzten Minute', sondern während ihrer Krankheit öfters empfangen. [...] Es ist hilfreich, wenn sich mit den Kranken eine kleine Haus- oder Nachbarschaftsgemeinde versammelt“ (9., neu bearbeitete und ergänzte Auflage 2013, S. 781). Und weiter: „Sterbende erhalten es als »Wegzehrung« auf dem Weg, den sie nun gehen. Das äußere Zeichen des Sakramentes kann für sie ein Halt sein. Sie erfahren leibhaftig, dass sie von Gott angenommen sind, auch wenn ihr Bewusstsein vielleicht schwächer wird“ (ebd.).

Die Vereinigte Evangelisch-Lutherische Kirche Deutschlands empfiehlt: „Kranken und Sterbenden soll das Abendmahl gereicht werden, wann immer sie dies wünschen. Angehörige, Pflegende und Gemeindemitglieder sollen nach Möglichkeit einbezogen werden“ (Leitlinien kirchlichen Lebens der Vereinigten Evangelisch-Lutherischen Kirche Deutschlands [VELKD]. Handreichung für eine kirchliche Lebensordnung, 2003, S. 51).

Liturgische Gestaltungshilfen bietet das von der VELKD herausgegebene Dokument: Dienst an Kranken, Amtshandlungen, Agende III, Teilband 4, 2006.

Ein liturgischer Entwurf für ein Krankenabendmahl findet sich auch auf folgender Internetseite: http://www.kirchenkreis-regensburg.de/Krankenabendmahl

Auf ihrer Internetseite erläutert die VELKD: „Unser Herr gibt den Kranken seine Liebe und weckt bei ihnen Hoffnung. Schwache und kranke Menschen, die nicht zum Gottesdienst der Gemeinde kommen können, erfahren durch die Abendmahlsfeier zu Hause die Gemeinschaft mit Christus und die Zugehörigkeit zu seiner Gemeinde. Deshalb ist es gut, wenn Pfarrerinnen und Pfarrer solche Abendmahlsfeiern in den Häusern häufiger anbieten. Nach einem alten christlichen Brauch können die Abendmahlsgaben durch Helferinnen und Helfer auch unmittelbar nach dem Gottesdienst den kranken Gemeindegliedern gebracht werden. Auf diese Weise werden die Besuchten in die Feier der Gemeinde einbezogen“ (www.velkd.de: Was uns aktuell bewegt – Das Heilige Abendmahl, Nr. 10: Besucht die Kranken).

Auf Wunsch feiert ein evangelischer Pfarrer, eine evangelische Pfarrerin das Hl. Abendmahl zu Hause oder im Krankenzimmer (Krankenhaus). Familie, Freunde, Gemeindeglieder sind stets eingeladen. Anfragen richtet man am besten an die zuständige Kirchengemeinde oder den/die Krankenhausseelsorger/in.

Es ist auch möglich, einem kranken Gemeindeglied einen besonderen Krankensegen zuzusprechen, gemäß den Worten im Jakobusbief: „Ist jemand unter euch krank, so rufe er die Ältesten der Gemeinde zu sich. Die sollen ihn im Namen des Herrn mit Öl salben und über ihm beten. Und das Gebet des Glaubens wird den Ermatteten retten, und der Herr wird ihn aufrichten“ (5,14f).

In manchen Gemeinden wird dieser Segen auf Wunsch mit einer Salbung verbunden. Dazu erklärt der Evangelische Erwachsenenkatechismus:
„Immer häufiger bietet die Krankenhausseelsorge das Salbungszeichen an, z. B. vor Operationen, bei schweren Leiden oder bei langsamen Heilungsverläufen. [...] Die evangelischen Kirchen kennen zwar in der Regel die Salbung am Sterbebett nicht, sondern reichen dort wie in den früheren Jahrhunderten das Abendmahl. Aber sie verstehen die Salbung als stärkendes, lebensförderndes Zeichen für Kranke wie Gesunde – in der Einsicht, dass die Grenzen von Krankheit und Gesundheit fließend sind und jeder auf Gottes heilende Zuwendung angewiesen ist. [...]
Am Krankenbett, wo Seelsorger/in und Patient in der Regel allein sind, ist die Salbung eingebettet in Gebet und Segen für den Kranken. Doch auch im öffentlichen Gottesdienst [...] gibt es heute neben dem Angebot des Mahls immer auch das Angebot von Gespräch, Segnung und Salbung (ebd., S. 817).

Für Sterbenskranke gibt es einen besonderen Abschiedssegen („Valetsegen"), dem ein Krankenabendmahl vorangehen kann (vgl. www.evang-kirche-voehringen.de, „Was tun, wenn …": Hausabendmahl, Krankensegnung und Abschiedssegnung; dort findet sich auch ein liturgischer Ablauf für ein Haus- bzw. Krankenabendmahl, 4 Seiten).

In vielen evangelischen Kirchen und Gemeinden wird die Form der ***Krankensegnung*** wieder entdeckt. Christen und Christinnen können Kranke auf diese Weise segnen:

Friedensgruß: Der Friede des Herrn sei mit diesem Haus.
Hinführung: Im Namen Jesu Christi wollen wir über (Name) beten. Wir vertrauen sie/ihn der Gnade und der Kraft Christi an.
Psalm: Zum Beispiel Psalm 23, Evangelisches Gesangbuch Nr. 740 oder Psalm 73, Evangelisches Gesangbuch Nr. 767.
Lesung: Zum Beispiel Matthäus 11,28–30, Jesaja 53,4–6, Römer 8,26–28, Klagelieder 3,22–26.
Gebet: Herr Jesus Christus, du hast unsere Krankheit getragen und unsere Schmerzen auf dich geladen. Wir danken dir für deine Geduld und Liebe. Wir bitten dich für (Name): Schenke ihr/ihm Glau-

ben, der dir vertraut, und die Gewissheit, dass du diese Krankheit zum Heil wendest. Amen.
(Weitere Gebete für Kranke siehe Evangelisches Gesangbuch Nr. 871)
Segnung: Der oder die Segnende legt beide Hände auf den Kopf der oder des Kranken und spricht: „(Name), du wirst gesegnet im Namen unseres Herrn Jesus Christus. Er richte dich auf durch die heilende Macht seiner Liebe. Friede sei mit dir."
(Weitere Segensworte siehe Evangelisches Gesangbuch Nr. 902.)

Die Krankensegnung kann mit einer *Salbung des Kranken* verbunden werden. Das Gefäß mit dem Salböl wird mit folgenden Worten zur Hand genommen: „Gott, du nimmst deine Schöpfung in den Dienst deines Erbarmens. Wir bitten dich: Lass dieses Öl zum Zeichen deiner heilenden und rettenden Kraft an dieser/diesem Kranken werden. Amen."
Bei der *Salbung* taucht die oder der Segnende einen Finger in das Öl und macht das Zeichen des Kreuzes auf die Stirn oder auch auf die beiden Hände der/des Kranken.
Ein gemeinsames *Vaterunser* kann sich anschließen.

(Quelle: http://www.bayern-evangelisch.de/www/glauben/krankheit-und-heilung.php)

F. KRANKENABENDMAHL IN DER REFORMIERTEN KIRCHE

In einer christlichen Gemeinde sind nach reformiertem Verständnis alle Gemeindeglieder mögliche Seelsorgerinnen und Seelsorger. Speziell zur Seelsorge berufen sind die Pfarrerinnen und Pfarrer und die Diakoninnen und Diakone.

Eine besondere Form der Seelsorge kann das Kranken-Abendmahl sein. Es verbindet individuelles Leiden mit dem Gemeinschaft stiftenden Tisch von Christus (und dessen Liebeshingabe für uns alle) und löst so aus der Vereinzelung.

Alten, Kranken und Gebrechlichen wird auf ihren Wunsch das Abendmahl zu Hause, im Kreis der Familie oder anderer Gemeindeglieder ausgeteilt. Es wird in Ausnahmefällen auch mit Einzelnen gefeiert und vom Orts- oder Spitalpfarrer verantwortet.
So legt die Evangelisch-reformierte Kirche Basel-Stadt fest: „*Kranken und Sterbenden ist das Abendmahl in ihr Heim oder ins Spital zu bringen. Auch in anderen seelsorgerlich begründeten Fällen wird das Abendmahl Einzelnen gereicht.*“

Gebet, Segen und Krankenabendmahl als Symbolhandlungen bilden für die Patienten den rituellen Rahmen, ihr Leben, ihre Geschichte, ihr Leiden auszudrücken und zu deuten.

Das Krankenabendmahl wird in der Regel auf Verlangen dem Patienten/der Patientin gebracht und gefeiert. Es bedeutet, dass nicht Krankheit, Leiden und Tod ihr Leben bestimmen, sondern dass trotz aller Gefährdung und/oder Todesnähe die Hoffnung und die Gewissheit, als einzigartige Persönlichkeit in eine Gemeinschaft von Menschen und in den umfassenden Lebenskreislauf als Ebenbild Gottes eingebunden zu sein, die Würde des Kranken ausmachen.

Einige reformierte Spitalpfarrer/-innen praktizieren auch das Ritual der Krankensegnung verbunden mit einer Salbung.

EIGENE NOTIZEN

EIGENE NOTIZEN

EIGENE NOTIZEN

EIGENE NOTIZEN

EIGENE NOTIZEN

EIGENE NOTIZEN

EIGENE NOTIZEN

Gianfranco Ravasi

DU HÖRST DOCH MEIN RUFEN?

Mit Psalmen beten

128 Seiten, gebunden,
ISBN 978-3-87996-502-1

MEINE NOT IST DIR VERTRAUT

Gebete in Zeiten der Krankheit

Hg. von Reinhard Abeln und Anton Kner

96 Seiten, gebunden,
ISBN 978-3-87996-555-7